Primo piano

Michele Gambino
Elio Lannutti

I furbetti del quartierino

DALLA RAZZA PADRONA ALLA RAZZA MATTONA

Come e perchè Bankitalia
finí nella polvere.
La vera storia di uno scandalo
italiano raccontata da chi
per primo ha avuto il coraggio
di denunciarla

Editori Riuniti

I edizione: novembre 2005

via Tagliamento 76, 00198 Roma
www.editoririuniti.it
ISBN 88-359-5730-3

Indice

Introduzione

Non esiste delitto, inganno, trucco, imbroglio e vizio che non vivano della loro segretezza. Portate alla luce del giorno questi segreti, descriveteli, rendeteli ridicoli agli occhi di tutti e prima o poi la pubblica opinione li spazzerà via. La sola divulgazione di per sé non è forse sufficiente, ma è l'unico mezzo senza il quale falliscono tutti gli altri.
Joseph Pulitzer[1] (1847-1911)

Il 2 agosto 2005 Clementina Forleo, Gip della Procura di Milano, firma l'atto di interdizione dai pubblici uffici di Giampiero Fiorani, Gianfranco Boni, Emilio Gnutti e Stefano Ricucci: «accanto agli atti di pirateria finanziaria posti in essere dagli attuali indagati», scrive il magistrato, «viene drammaticamente alla luce un sistema istituzionale gravemente malato, restio a prendere le distanze da logiche di favori e favoritismi, non certo consone ai capisaldi costituzionali».

Anche dalle piú smaliziate cronache giudiziarie traspare sorpresa per le gesta dei «furbetti del quartierino». Nessuna sorpresa, invece, per chi scrive: da anni combatto una battaglia a colpi di denunce per portare alla luce le numerose malefatte economico-finanziarie perpetrate da una istituzione intoccabile, riverita e rispettata com'era la Banca d'Italia. Un sacrario fino a pochissimo tempo fa impermeabile a qualsiasi indagine della magistratura, costretta ad arretrare davanti a ciò che veniva considerato il «tempio» della legalità e dello scrupoloso rispetto delle regole. Dietro quella facciata, in realtà, era possibile che accadesse tutto e il contrario di tutto. A partire dai numerosi e documentati casi di omessa vigilanza da parte di una istituzione che ha tra i suoi doveri il controllo e la prevenzione di fenomeni quali il cosiddetto «risparmio tradito», che ha coinvolto un milione di famiglie italiane per un controvalore di 50 miliardi di euro.

Tutte (o quasi) le inchieste giudiziarie, da Bipop-Carire a Cirio e Parmalat, dalla scalata a Rcs ad Antonveneta, hanno preso il via da una ventina di esposti denunce che nel corso del tempo ho presentato alle Procure della Repubblica di mezza Italia. A partire da quella del 17 ottobre 2001, da cui partí la Procura di Brescia per scoprire che lo scandalo Bipop-Carire (10 miliardi di euro) poteva essere evitato se solo l'ex capo della Vigilanza e sodale di Fazio, Bruno Bianchi, avesse dato ascolto alle segnalazioni di ben tre consiglieri di amministrazione della ex Carire – Roberto Silva, Luca Ferrarini, Alessandro Spaggiari – che il 7 aprile 2001 avevano segnalato una gestione allegra del credito e del risparmio da parte dei vertici della banca. I pm della Procura di Brescia, seppure bravi e preparati professionisti, non ebbero il coraggio di sfidare la «sacralità» di Bankitalia.

Il 7 giugno 2002 segnalai alla Consob, e successivamente alla Procura di Milano, lo strano rimborso anticipato delle obbligazioni Unipol individuando tra i presunti artefici del reato di insider trading Giovanni Consorte e Ivano Sacchetti, numero 1 e 2 dell'Unipol. Insieme a loro operava una vecchia conoscenza della Procura di Brescia, il dottor Emilio Gnutti, potentissimo finanziere d'assalto, già condannato per il reato di insider trading sui titoli Cmi a 8 mesi di reclusione e all'interdizione dai pubblici uffici.

Il 4 luglio 2002 inviai a Consob, Bankitalia e Isvap una richiesta di sospensione di Emilio Gnutti da tutte le cariche ricoperte nei consigli di amministrazione (36 società tra le quali Unipol e Monte dei Paschi di Siena), nomine in evidente contrasto con l'articolo 26 del Testo Unico Bancario, che al capitolo «requisiti di professionalità e onorabilità degli esponenti aziendali», recita: «I soggetti che svolgono funzioni di amministrazione, direzione e controllo devono possedere requisiti di professionalità e onorabilità. Il difetto dei requisiti determina la decadenza dall'ufficio. Essa è dichiarata dal Cda entro 30 giorni dalla nomina o dalla conoscenza del difetto sopravvenuto. In caso di inerzia la decadenza è pronunciata dalla Banca d'Italia».

La Banca d'Italia, però, non si è mai pronunciata in questo senso, mentre il Governatore Fazio, come questo libro approfondirà piú avanti, ha avuto Gnutti tra gli interlocutori privilegiati nel suo tentativo di tracciare gli assetti bancari del futuro.

Il 1° aprile 2003 inoltrai alla Banca Centrale Europea, al Governatore Fazio e al Presidente Consob l'ennesima denuncia sul «sistema Fiorani», riguardante la sottoscrizione degli aumenti di capitale della ex Bpl (si trattava dell'aumento di capitale Efibanca del 17 marzo 2003), con finanziamenti concessi dalla banca ai clienti piú fidati tramite assegnazione d'ufficio di pacchetti azionari ai promotori finanziari in conto provvigione, senza interessi e restituibili in 5 comode rate.

Ma è nel 2005 che si moltiplicano le mie denunce contro la solidale coppia Fazio-Fiorani. È quasi superfluo sottolineare che, fatta eccezione per «Striscia la notizia», nessun mezzo di informazione ha mai dato alcun rilievo agli atti di pirateria finanziaria perpetrati a danno dei correntisti con il concorso del Governatore Fazio.

A febbraio partono dodici esposti ad altrettante Procure della Repubblica in merito a una vera e propria appropriazione indebita a spese dei correntisti della Banca Popolare di Lodi per spese fantasma sotto voci fantasiose, come «commissioni d'urgenza» e «spese post-telegrafoniche». Nel mese di aprile firmo quattro esposti-denuncia alle Procure di Roma e Milano, in cui segnalo la scarsità dei mezzi patrimoniali della Bpl per dare la scalata ad Antonveneta e la connivenza del Governatore con i «furbetti del quartierino».

Nel primo esposto, che porta la data del 6 aprile, denuncio la carenza dei mezzi patrimoniali. Nel secondo – firmato il giorno successivo – ipotizzo il reato di turbativa di mercato, poiché alla trasparente Opa di Abn Amro su Antonveneta i soggetti interessati avrebbero dovuto rispondere con una contro-Opa e non già con un rastrellamento clandestino di azioni sotto lo sguardo compiaciuto del Governatore Fazio. Risale al 15 aprile il terzo esposto a integrazione dei precedenti, in cui chiedo, in sostanza, di «accertare se le ripetute convocazioni da parte del Governatore della Banca d'Italia Fazio per suggerire a Fiorani e soci un rastrellamento occulto e clandestino di pacchetti azionari di Banca Antonveneta da parte della Banca Popolare di Lodi per contrastare l'Opa di Abn Amro… abbiano configurato turbativa di mercato, aggiotaggio, insider trading, false comunicazioni ed eventuali altri reati di cui si chiede di accertare la sussistenza».

Il 26 aprile, nell'ultimo esposto-denuncia, invito le Procure a verificare l'indubitabile azione di accordo tra i cosiddetti concertisti: «Il Paese», scrivevo, «non può tollerare oltre che il signor Fazio possa aver capeggiato una cordata clandestina basata sui criteri dell'"amicalità" invece che su quelli piú rigorosi del mercato, unico strumento garante del benessere dei consumatori e delle imprese».

Il 31 maggio 2005, dopo aver manifestato con tanto di autorizzazione della Questura davanti alla Banca d'Italia in occasione della «messa cantata» del Governatore (il rito abituale delle «considerazioni finali») assieme a Rosario Trefiletti, Bruno De Vita, Errico Garozzo e altri rappresentanti di consumatori e risparmiatori traditi, preparai la denuncia sulla scalata corsara al gruppo Rizzoli-Corriere della Sera.

Nell'esposto, dopo aver fatto la ricostruzione delle variazioni del titolo in borsa, denunciavo che: «Le incaute dichiarazioni di Stefano Ricucci... potrebbero anche configurare una turbativa di mercati e altri reati finanziari... Con in tasca quasi il 20 per cento di Rcs oltre a una liquidità per 500 milioni di euro, Stefano Ricucci, azionista stabile anche di Bnl e Antonveneta, in una intervista all'Ansa rilasciata ieri 30 maggio 2005 andata in rete a Borsa ancora aperta, ha considerato l'Opa sul gruppo del *Corriere* un'operazione realizzabile. Poiché il titolo Rcs ha subíto forti oscillazioni, dopo l'intervista del protagonista di un'eventuale scalata al *Corriere*, Adusbef chiede di verificare se tali dichiarazioni possano aver concretizzato turbativa dei mercati e altri reati finanziari».

Il 2 agosto, mentre mi trovavo all'estero, venni informato che la Procura di Milano aveva adottato provvedimenti restrittivi (interdizione per 2 mesi dai pubblici uffici) nei confronti dei «furbetti del quartierino» per gravi atti di pirateria finanziaria. La notizia non mi sorprese affatto: ancora una volta la magistratura di Milano aveva dovuto scoperchiare una rete di complicità radicate – fatte di fondi all'estero, omertà, amicizie e favori – in un contesto di «abituale e anzi professionale propensione alla commissione di tali reati, con la spregiudicata complicità di personaggi di rilievo istituzionale, ponendo alla luce un inquietante quadro di elusione delle regole poste a presidio della trasparenza del sistema bancario e finanziario nazionale», il tutto allo scopo di rafforzare un potere personale parallelo alla legge e all'ordinamento.

Non era un segreto per nessuno che il Governatore Fazio fosse legato da un'amicizia particolare a Fiorani, il quale si preoccupava di ricambiare i favori ricevuti facendo pubblicare sulla rivista *Bpl Magazine* pezzi di elogio su Don Ginami, il prete di famiglia, a firma di Maria Teresa Fazio, figlia del Governatore. Tutti sapevano che il figlio di Fazio, Giovanni, si era fatto le ossa nella filiale svizzera della Bpl di Fiorani, e che lo stesso Governatore, con una semplice alzata di sopracciglia, era abituato a bocciare e/o dare l'assenso a fusioni e aggregazioni bancarie. Era noto a tutti che il protezionismo del Governatore nella difesa dell'italianità delle banche aveva tra i suoi effetti i costi di conti correnti bancari piú alti del mondo (550 euro l'anno) e con la peggiore qualità dei servizi erogati all'utenza.

Grazie alla mia azione, di cui rivendico il merito, e a quella dell'Adusbef, oggi quegli intoccabili sono piú vulnerabili. E non importa se Fazio si dimette oppure no, ancora difeso com'è da apparati potenti e trasversali dell'economia, della politica e da alte e oscure prelature, che hanno eretto un sistema molto terreno di potere, quasi mai al servizio degli ultimi e degli oppressi. L'importante è aver condotto una battaglia giusta, se pure dagli esiti ancora incerti, in difesa delle regole e della legalità. Dedico questo libro ai colleghi giornalisti, perché anche nei momenti piú difficili possano continuare a tenere la «schiena dritta»[2].

Elio Lannutti

Questo libro è dedicato ai magistrati di Roma e Milano che hanno condotto la difficile inchiesta sul Governatore di Bankitalia Antonio Fazio senza farsi intimidire da attacchi e pressioni; è dedicato anche a tutti i giornalisti capaci di mantenere la schiena dritta nei momenti piú difficili.

Prima parte

1. Banchieri di ventura

Prologo

Washington, le nove di sera di sabato 24 settembre 2005. Due uomini rigidi ed eleganti ne scortano un terzo, corpulento e affannato, nella hall dell'hotel Four Season, diretti verso l'uscita. Una limousine nera è in attesa già da mezz'ora, con le portiere aperte. L'uomo corpulento si guarda intorno, teme l'agguato di giornalisti e fotografi, che però non si aspettano la sortita, e a quell'ora sono tranquillamente a cena. Peccato, perché una foto del Governatore della Banca d'Italia che lascia la riunione del Fondo Monetario Internazionale con l'aria di uno che ha rubato l'argenteria non avrebbe prezzo.

Fazio scappa da Washington al termine di una giornata convulsa che arriva in fondo ad un periodo ancora piú convulso: era partito da Roma per il tradizionale incontro di settembre con i potenti del mondo, inseguito dagli strascichi del caso Antonveneta, lasciandosi alle spalle un ministro del Tesoro ostile ma politicamente debole come Siniscalco, e potendo contare sul silenzio complice del premier Berlusconi. La situazione si era tuttavia capovolta nelle sei ore di volo a bordo del Falcon Jet preso a nolo che usa per gli spostamenti di lavoro: Siniscalco dimesso, e al suo posto un altro nemico di Fazio ma di ben diverso spessore, Giulio Tremonti. Il quale aveva posto come condizione per accettare l'incarico un pronunciamento finalmente chiaro di Berlusconi su Fazio. Pronunciamento che era arrivato: blando, ma inequivocabile: «Non è opportuno che il Governatore rimanga al suo posto».

Non un diktat ma un invito, un auspicio. Politicamente pesante, però. Anche perché poche ore dopo a Washington era sbarcato un Tremonti in piena forma e carico di bile vecchia e nuova verso il Governatore. Da quel momento erano cominciati due giorni di occasioni formali in cui, sotto gli occhi dell'intera finanza internazionale, Tremonti e Fazio avevano giocato a rimpiattino come bambinoni, e nell'incrociarsi avevano rizzato il pelo tenendosi a distanza. Fino a sabato mattina, quando Tremonti – che deve averci pensato una notte intera – aveva ritirato a Fazio la delega a rappresentare il ministero del Tesoro in seno al Development Committee, il comitato per lo sviluppo della Banca Mondiale. Una di quelle occasioni in cui i banchieri sfoderano progetti e buone intenzioni contro la povertà e la fame nel mondo, in modo da sentirsi piú buoni per un giorno o due. Un appuntamento che il cattolicissimo Fazio non ha mai mancato da quando, nel '93, siede sullo scranno di Governatore. Aveva anche preparato il discorso il pio Fazio: quattro paginette su fame, malattie, Terzo mondo. Una nobile prolusione che il perfido Tremonti gli ricaccia metaforicamente in gola ritirandogli la delega. «Potevo farlo e l'ho fatto», gongola il ricicciato ministro del Tesoro davanti ai suoi collaboratori, felice di aver fatto lo sgambetto al granitico Governatore.

Tremonti è in partenza, alle cinque del pomeriggio decolla l'aereo che lo riporta a Roma. Fazio accusa il colpo, telefona ai politici suoi amici, Ivo Tarolli dell'Udc e Luigi Grillo di Forza Italia. Si consulta, rimugina, compie una lunga passeggiata a passo garibaldino davanti al suo albergo, per smaltire la tensione, poi si chiude in stanza. Alle 21 il Governatore è atteso al concerto offerto da Unicredit, dieci minuti prima dell'inizio un commesso toglie da una poltrona di prima fila il foglietto col suo nome. A quell'ora Fazio è ancora in camera, sta facendo le valigie. Poi la partenza, precipitosa come una fuga. L'indomani l'impietoso Tremonti gli rinfaccerà pure il privilegio dell'aereo privato: «Io sono andato e tornato con la nostra compagnia di bandiera. A differenza di lui».

Ma come si è arrivati a tanto: il Governatore di una istituzione da sempre protetta da quella sorta di sacralità pagana che nasce dal denaro, che fugge dall'albergo tra frizzi e lazzi. Mezzo mondo politico che lo piglia a pesci in faccia e ne chiede le dimissioni, l'altra metà che tace imbarazzata, pochissimi e intimiditi difensori. Per capire come sia potuto accadere bisogna raccontare una lunga storia. Partendo dall'inizio.

Matrimonio in vista. Anzi no

Il 26 novembre 2004 è una giornata fiacca per la borsa italiana. Alle 13,15, quando la maggior parte degli operatori si allontana dal desk per un panino, tutti i titoli sono al ribasso o fermi al palo. Tutti tranne uno, Banca Antonveneta. Dalle sale operative il giudizio è concorde: a spingere il titolo controcorrente sono le voci sempre piú insistenti di un matrimonio con la Banca Popolare di Lodi. Un matrimonio che si compirebbe, lo scrive la neutrale Ansa, «sotto la benedizione del Governatore di Bankitalia Antonio Fazio».

A dar corpo alle voci ci ha pensato il settimanale *Il Mondo*, del gruppo Rizzoli, che nel numero in edicola in quei giorni disegna la mappa dell'ultimo risiko bancario: l'acquisto di Antonveneta da parte della Banca Popolare di Lodi, con conseguente nascita del quinto polo creditizio italiano. In un secondo momento, dicono i ben informati di Piazza Affari, si unirebbe al duo anche Capitalia.

I puristi del mercato arricciano il naso al pensiero di un battello leggero e non del tutto stabile come la Popolare di Lodi che parta all'assalto di una corazzata come la Banca Antonveneta[1]. A tranquillizzare lorsignori dovrebbe quindi servire la tempestiva di dichiarazione di Giampiero Fiorani, amministratore delegato della Banca di Lodi: «Nessuna acquisizione, semmai possibili alleanze. Qualora si presentassero opportunità di aggregazioni le valuteremo caso per caso».

Ancora piú netta arriva, il 28 novembre, la smentita di Tommaso Cartone, presidente della Antonveneta: «Non ci sono contatti con nessuno. Noi abbiamo il nostro piano industriale: siamo concentrati su quello. Lo stiamo realizzando con grande meticolosità. Poi, se dovessero intervenire delle cose nell'interesse degli azionisti verranno valutate». Cartone parla all'uscita da un convegno sul modello di sviluppo veneto organizzato a Padova da Forza Italia, i cronisti lo incalzano. Lui allora diventa categorico: «Su possibili alleanze siamo a zero». E amen.

Giornalisti ficcanaso

Sono solo le prime di una lunga serie di smentite che da quel momento per mesi riempiranno i take economici delle agenzie di stampa. Smentite che però non convincono quei ficcanaso dei giornalisti economici. E infatti la mattina del 3 dicembre il quotidiano *Milano Finanza* è in edicola con un pezzo che anticipa i fatti delle settimane successive: i soci forti di Antonveneta sono sotto il pressing di Giampiero Fiorani, che vuole annettere la banca di Padova alla sua Popolare di Lodi.

A fare argine in Antonveneta contro questo abbozzo di manovra è Francesco Spinelli, rappresentante italiano di Abn Amro, la banca olandese che detiene circa il 12 per cento delle azioni dell'istituto di credito veneto. Spinelli, scrive *MF*, ha convocato per il 6 dicembre il patto di sindacato della banca per fare il punto della situazione.

In realtà la riunione del patto si svolge in gran fretta e a sorpresa quello stesso 3 dicembre, nel tardo pomeriggio. Attorno al tavolo di mogano del luminoso ufficio di Spinelli sono riuniti l'avvocato Antonio Scala, sempre per conto della banca olandese, Gilberto Benetton per Edizione Holding, Emilio Gnutti e Giuseppe Stefanel in rappresentanza di Delta Erre e Tommaso Cucchiani del Lloyd Adriatico.

All'ordine del giorno c'è, ufficialmente, la definizione di una serie di scadenze tecniche, ma questa è solo una foglia di fico. In realtà i soci olandesi hanno fretta di capire e puntualizzare: capire cosa accade tra Fiorani e alcuni dei soci bresciani e milanesi di Antonveneta; puntualizzare la loro contrarietà a qualsiasi cessione di fette di potere alla Popolare di Lodi.

L'incontro è garbato ma teso. Gli olandesi capiscono che un fronte pro-Fiorani nel campo di Antonveneta esiste, ed è capitanato dalla componente «lumbard» di Delta Erre, la fiduciaria che, con circa il 10 per cento del capitale, è il secondo azionista di Antonveneta dopo Abn Amro: il bresciano Gnutti, il milanese Francesco Micheli, il berlusconiano Ennio Doris con l'aggiunta del veneto Giuseppe Stefanel, quello delle maglie. Spinelli e Scala, cha parlano a nome di Abn Amro, chiedono notizie e futura trasparenza sulle eventuali trattative in corso. Gnutti replica che nulla vi è da nascondere. La riunione si chiude con un invito reciproco alla lealtà. Sono le piccole, quasi impercettibili increspature sull'onda, in attesa della mareggiata che verrà.

I carbonari

Il 9 dicembre dovrebbe essere il giorno del chiarimento dentro Delta Erre, la fiduciaria cui fa capo il 10,34% del capitale di Antonveneta. Al suo interno, infatti, ci sono gli amici di Fiorani, di cui Gnutti è il capofila, ma anche molti soci non schierati, o che non vedono necessità di grossi strappi nella gestione della banca padovana.

L'incontro è promosso da Romeo Chiarotto, che detiene lo 0,28 per cento delle azioni ed è uno dei soci che si battono in difesa dell'indipendenza dell'istituto. Nelle due ore che precedono l'inizio della riunione telefonano, in rapida successione, Gnutti, il finanziere milanese Francesco Micheli ed Ennio Doris, uomo cresciuto in Mediolanum all'ombra di Berlusconi: impegni improvvisi, impossibile partecipare. Seguono altre disdette, troppe per essere casuali. «Era una riunione del patto», afferma una fonte vicina alla fiduciaria, «ma a causa di impegni in calendario per alcuni e defezioni dell'ultima ora per altri, si è trasformata in una riunione tra soci che hanno una visione simile sul futuro della banca».

La visione in questione è quella di un'Antonveneta dalla schiena dritta, in grado di farsi valere nel caso di un assalto alla diligenza da parte di un istituto «minore» come la Popolare di Lodi. Una visione da carbonari, che hanno appena scoperto di avere gli austriaci in casa.

I presenti sono infatti cinque su un totale di quindici. Gli assenti sono quelli che guardano con favore alle avances di Fiorani, il pacchetto di azioni nelle loro mani è pari al 6-7 per cento del totale. Il 13 dicembre *la Repubblica* riporta una nuova notizia ad effetto sulla vicenda in embrione: la Popolare di Lodi potrebbe contare su un pacchetto vicino al 20% del capitale di Antonveneta, incluse le quote di possibili alleati. Il giornale ipotizza che grazie a questo acquisto sotterraneo di quote azionarie l'istituto lombardo si prepari a costituire un patto deciso a scippare l'Antonveneta dalla sfera d'influenza del suo maggiore azionista, la Abn Amro. Gli olandesi dal canto loro, prosegue il quotidiano, sarebbero pronti a difendere l'investimento nella banca di Padova con qualsiasi mezzo, inclusa l'Opa, vale a dire l'offerta pubblica di acquisto delle azioni.

Si muove Piazza Affari

Il grande arbitro della contesa, scrive quello stesso giorno l'agenzia di stampa Apcom, sarà il Governatore di Bankitalia Antonio Fazio. In effetti sarà Banca d'Italia, e quindi Fazio, a dover vigilare su consistenza patrimoniale, correttezza dei comportamenti e consistenza del progetto industriale degli eventuali sfidanti, in caso di competizione per la proprietà di Antonveneta.

Fin da quelle prime battute appare chiaro però che l'arbitro in questione si muove in maniera non ortodossa: «Fazio avrebbe fatto pressioni su Benetton e Doris per indurli a schierarsi con la cordata Fiorani», scrive Apcom. «Gli olandesi di Abn Amro però potrebbero difendere la loro posizione o per vie legali o con un'Opa e in questo caso per il Governatore potrebbe essere difficile mettere dei paletti».

Mentre i giornalisti scrivono, speculatori e raiders comprano azioni Antonveneta e vendono quelle della Popolare di Lodi: quel 13 dicembre il titolo padovano guadagna il 2,36% (18,37 euro il nuovo prezzo per azione), con un volume di scambi che è il doppio del normale. La Popolare di Lodi perde in quelle stesse ore l'1,3%.

L'andamento dei due titoli è frutto di una duplice spinta: per un verso è il segno che Piazza Affari scommette sulla battaglia e sulle sue prevedibili conseguenze: i titoli della banca contesa diventeranno oro, mentre uno dei sicuri partecipanti alla battaglia, Popolare di Lodi, perderà sangue in gran quantità.

La seconda spinta viene da Fiorani e dai suoi alleati (Gnutti, Doris, Micheli) che stanno rastrellando azioni dell'Antonveneta in segreto prima di passare all'attacco vero e proprio.

Una cosa è gia certa fin da quella vigilia di Natale del 2004: ci sarà guerra. Il primo bastione da affrontare per Fiorani e la Popolare di Lodi è il Patto di sindacato tra un gruppo di soci di Antonveneta. Al patto della banca padovana aderisce il

30,78% del capitale, ne fanno parte Edizioni Holding di Benetton (5,01%), Abn Amro (12,67%), Lloyd Adriatico (2,75%) e Delta Erre (10,34%).

Dichiarazione di guerra

Il 20 dicembre si sgretola Delta Erre: dentro la fiduciaria, lo abbiamo già visto, esistono due scuole di pensiero, e adesso il gruppo dei lombardo-veneti all'interno rompe gli indugi e si schiera a favore della rottura del patto di sindacato che governa Antonveneta. È una sorta di dichiarazione di guerra contro la componente olandese della banca: «Tutto lascia pensare che si vada nella direzione di un matrimonio tra Antonveneta e Banca Popolare di Lodi», scrive l'Adn Kronos. «L'unione tra i due istituti di credito, che creerebbe un asse lombardo-veneto del credito dando vita al sesto polo creditizio per massa amministrata, sarebbe infatti ben visto dagli imprenditori che in queste ore stanno decidendo la disdetta.»

In attesa della contromossa olandese – si parla della nascita di un nuovo patto di sindacato – e mentre i piccoli azionisti guardano con preoccupazione la vicenda, il titolo cresce in borsa a vista d'occhio. Si parla di rastrellamenti da parte di uomini vicini alla Popolare di Lodi, e di Opa sulla rampa di lancio. I piú, tuttavia, scommettono ancora su un accordo. Molto dipende da come si schiererà la famiglia Benetton, che detiene il 5% del capitale di Antonveneta e che non ha ancora dato segnali in un senso o nell'altro.

Ad anticipare le mosse dell'uomo della griffe il 13 gennaio è *Il Giornale*: Benetton avrebbe raggiunto un accordo con la Popolare di Lodi per la cessione del suo 5% ad un prezzo di poco superiore a quello di mercato. L'intesa sarebbe destinata a diventare operativa dopo la scadenza, a metà aprile, del patto di sindacato di Antonveneta, che nel frattempo è già stato disdettato da alcuni soci riuniti nella fiduciaria Delta Erre e dagli stessi Benetton.

Con la quota della famiglia Benetton, Fiorani sarebbe ormai vicino a poter schierare in campo circa il 20% del capitale di Antonveneta, lasciandosi alle spalle i concorrenti di Abn Amro.

I diretti interessati non commentano le indiscrezioni, com'è tradizione nel mondo degli affari: per Fiorani da una parte e Benetton dall'altra è tutto un «non risulta» e «non so». Ma sono smentite cui non crede nessuno: «Abn Amro non si farà mai sfilare la banca», spiega all'Ansa uno dei soci storici di Antonveneta e alleato del colosso olandese, «e al momento opportuno riunirà i partner intorno a un tavolo per proporre un nuovo patto di sindacato, in sostituzione di quello che scade il 15 aprile».

Abn Amro possiede il 12,6% di Antonveneta, e insieme al Lloyd Adriatico (che detiene quasi il 3%), punta a riunire imprenditori e investitori dell'area veneta fortemente legati al tessuto produttivo. Lo dimostrano le numerose prese di posizione di amministratori locali del padovano in difesa dell'assetto esistente della banca. In un rovesciamento di ruoli che il solo Governatore Fazio non coglie e non vuole cogliere, gli olandesi sono visti dal piccolo azionariato della banca come i difensori del «provincialismo» – in senso buono – dell'Antonveneta, mentre Fiorani e i suoi alleati sarebbero i lanzichenecchi pronti alla scorreria.

Olandesi teste dure

Che la banca olandese non sia disposta a cedere, come scrive *Il Giornale*, lo conferma un'intervista che appare il giorno dopo sul *Sole 24 Ore*. A parlare è Rijkman Groenink, presidente dell'istituto olandese: «Abn Amro è pronta a fare tutto quello che è in suo potere per difendere i suoi interessi e quelli di tutti gli azionisti di Antonveneta contro pressioni e sotterfugi».

In merito alle voci secondo cui alcuni membri del patto di sindacato di Antonveneta starebbero comprando azioni della stessa banca per conferirle alle manovre di Fiorani, il presidente di Abn Amro spiega: «Credo nel rispetto delle regole. Non posso pensare che membri del patto stiano acquistando azioni di nascosto. Peraltro non solo l'acquisto, ma anche la vendita di azioni costituirebbe una grave violazione delle regole sancite nel patto, nonché un serio pericolo per la stabilità della banca».

A proposito del ruolo di Fazio, che sarebbe schierato con Fiorani e la Popolare di Lodi in difesa della presunta «italianità» del sistema bancario, Groenink dice: «Ho avuto diversi incontri con il Governatore Fazio negli ultimi anni e sono sempre stati cordiali e trasparenti. Il Governatore conosce il nostro impegno in Italia e ha sempre mostrato apprezzamento per il nostro comportamento e la nostra strategia». Il presidente di Abn Amro conferma l'intenzione di creare un nuovo patto di sindacato, dopo la rottura con Delta Erre. Infine, commentando l'ipotesi che Abn abbia in mente una fusione tra Antonveneta e Capitalia – in cui è presente con il 9% – Groenink conclude: «la nostra stategia era quella di crescere sul mercato con due importanti banche indipendenti e autonome. Ci sono sicuramente opportunità industriali e strategiche nella fusione tra le due banche, ma non saremo noi a spingere in questa direzione».

Groenink conferma quindi di voler difendere non solo la posizione di Abn Amro dentro Antonveneta, ma la stessa banca padovana da scossoni e pericolose avventure. L'accenno a Fazio è diplomatico: Groenink sa, come tutti, che il Governatore si sta muovendo in favore del suo amico Fiorani. L'accenno alla irregolarità di eventuali cessioni di quote sottobanco è un messaggio ai «padani» che si muovono in sintonia con Fiorani.

L'intervista è in sostanza un elenco di messaggi: pacati ma fermi. Che servano a qualcosa è un altro paio di maniche. L'unico risultato visibile e importante è una telefonata: la fa Fiorani dopo aver letto l'intervista al presidente di Abn Amro. Il destinatario è Francesco Spinelli, l'uomo degli olandesi a Padova. Il tono è conciliante, quasi caldo: «Perché quell'accenno a "pressioni e sotterfugi", qui siamo tutti galantuomini! Vediamoci, parliamo».

Spinelli accetta l'incontro, le segretarie consultano grosse agende in pelle pregiata, l'appuntamento è fissato per il 19 gennaio a Milano, dopo il Cda dell'Antonveneta che si svolgerà a Padova il 18. Fiorani si sente forte: subito dopo aver letto l'intervista a Groenink ha incassato, prima via telefono e poi a mezzo agenzie, le dichiarazioni del suo amico Fazio e del premier Silvio Berlusconi, che quella stessa mattina si sono incontrati a Palazzo Chigi. Concordi i due pezzi da novanta, racconta un lancio dell'Ansa, «sulla necessità di difendere l'italianità delle banche».

Le dichiarazioni dei due si riferiscono direttamente all'altro grande risiko bancario in corso in quei giorni, il tentativo di scalata degli spagnoli del gruppo Bbva sulla Banca Nazionale del Lavoro, ma implicitamente riguardano anche la partita in corso nel Nord-est italiano: per la principale agenzia di stampa italiana, l'intesa politica pro Fiorani tra Fazio e Berlusconi «forse non sbarra la strada al socio olandese – sulla carta ancora il primo con una quota del 12,7% – ma certo ne ridimensiona aspettative e ambizioni».

La cosa buffa è che Fazio e Berlusconi si schierano implicitamente a difesa di un progetto, quello di Fiorani, che sulla carta non esiste, visto che lo stesso Fiorani non ha mai esplicitato alcunché. La cosa preoccupante è che sono caduti nel vuoto gli accenni di Groenink a «pressioni e sotterfugi», e il suo richiamo al rispetto delle regole.

Nel mirino degli americani

Il 17 gennaio le non troppo sotterranee manovre di Giampiero Fiorani finiscono sotto osservazione della prima pagina di "Money&Investing", la sezione finanziaria del *Wall Street Journal*, che spiega: «Negli ultimi 10 anni l'amministratore delegato di Popolare di Lodi ha trasformato un istituto di prestito agricolo in una delle prime 10 banche del paese, con una strategia di acquisizioni aggressiva. Ora il quarantacinquenne banchiere dice di avere in mente un'altra operazione, anche se ne tace il bersaglio». Ovvero, precisa il quotidiano statunitense, Antonveneta.

«Il contesto», si legge, «sembra maturo per i grandi cambiamenti nello scenario bancario in Italia. Le fusioni e le ristrutturazioni degli anni passati sono ormai ampiamente concluse, e i principali istituti del paese dicono ora di essere pronti a guardare all'estero. Le banche di taglia media, tuttavia, stanno soffrendo per mantenere la loro quota di mercato nazionale.»

«Mettere insieme Antonveneta e Lodi creerebbe il sesto istituto nazionale. Tuttavia», spiega il *WSJ*, una delle domande che si pongono gli analisti è se una banca di queste dimensioni sia negli interessi del sistema italiano, per via di ciò che rischia di arrecare alla stabilità finanziaria della Lodi. Con il Governatore

Fazio, la Banca d'Italia ha tenuto gli investitori stranieri, come Abn Amro, alla porta, esortando alcune banche nazionali ad assorbire gli istituti piú deboli». Ovvero, quello che ha fatto Capitalia con Bipop e Banco di Sicilia. «Ma cosí come il portafoglio di rischi di Capitalia è uno dei peggiori in Europa, con circa il 13% dei crediti, l'espansione di Lodi genera qualche preoccupazione per le sue finanze.»

Fiorani e Consorte scoprono le carte

Le preoccupazioni del *WSJ*, peraltro condivise da buona parte della comunità finanziaria, sulla reale solidità della banca di Fiorani, sono del 17 gennaio. Per bizzarra coincidenza quello stesso giorno un'anodina comunicazione della Consob porta alla luce del sole le manovre della Popolare di Lodi e di uno dei suoi alleati: la banca di Fiorani ufficializza infatti l'ingresso nel capitale di Antonveneta con una quota del 2,111%. Anche Unipol, attraverso la controllata Holmo, annuncia l'ingresso nel capitale di Antonveneta con una quota diretta del 2,101%. La compagnia assicurativa bolognese guidata da Giovanni Consorte, capofila della cosiddetta «finanza rossa», ufficializza, dopo le indiscrezioni degli ultimi giorni, la sua partecipazione alla cordata di Fiorani.

L'operazione, secondo quanto risulta dalle comunicazioni societarie della Consob, è stata effettuata il 13 gennaio. La quota di Unipol è una partecipazione di trading, frutto di acquisti sul mercato. Lo sostengono fonti della compagnia bolognese, rilevando che Unipol già deteneva una partecipazione di poco superiore all'1,9% di Antonveneta, e che recenti acquisti hanno fatto scattare l'obbligo di dichiarare la partecipazione alla Consob, obbligatoria per partecipazioni che superino il 2%.

Nel braccio di ferro con gli olandesi di Abn Amro, primo azionista con il 12,67% che spinge per un futuro «stand alone», senza fusioni, della banca, il doppio intervento dell'istituto lodigiano e della compagnia bolognese cade alla vigilia del consiglio d'amministrazione di Antonveneta. Un consiglio convocato da tempo per la normale amministrazione, e trasformatosi, alla luce degli avvenimenti recenti, nel momento cruciale del confronto per sondare gli umori degli azionisti, soprattutto di quelli indecisi.

Galvanizzati dal profumo della battaglia, gli uomini di Fiorani abbandonano le cautele tipiche, almeno sul piano formale, degli ambienti finanziari: a metà mattinata di quel 17 gennaio una fonte interna alla Popolare fa sapere ai giornalisti economici delle agenzie di stampa piú quotate che Bipielle punta a qualcosa di piú di una semplice alleanza. L'istituto guidato da Giampiero Fiorani vorrebbe diventare, seppur nel medio termine, l'unico socio bancario di riferimento nel capitale di Antonveneta, sostituendosi di fatto agli olandesi. Chi aveva scommesso su un accordo che facesse contenti tutti deve ricredersi.

Prove tecniche di accordo

L'indomani il consiglio d'amministrazione dell'Antonveneta inizia alle nove del mattino, mentre Milano comincia a coprirsi della prima neve della stagione. Di Popolare di Lodi non si parla, almeno ufficialmente, ma certo è che i consiglieri si parlano, e gli schieramenti si contano.

A guidare il plotoncino dei «lealisti», decisi a difendere l'indipendenza della banca accanto agli olandesi, è Giancarlo Folco vicepresidente dell'istituto, la cui quota supera di poco il 2%. Gli altri soci rimasti fedeli alla banca olandese sono il Lloyd Adriatico, che ufficialmente detiene il 2,7%, ma che potrebbe essere già salita fino al 5%, l'imprenditore Romeo Chiarotto (0,28%), la Cattolica Popolare di Molfetta (0,76%), piú altri imprenditori locali con piccole quote.

Il 19 gennaio è il giorno del faccia a faccia tra Spinelli, l'uomo di Abn Amro e Fiorani. I due s'incontrano in campo neutro, nella saletta riservata di un grande albergo di Milano. Fiorani è affabile, disinvolto come sempre, Spinelli piú rigido e formale. La proposta dell'uomo di Lodi è semplice: alleiamoci, ma sia chiaro che noi puntiamo ad essere il primo azionista della nuova Antonveneta, con almeno il 30% delle azioni. Da parte di Spinelli non c'è una chiusura a priori alla proposta. Il problema, spiegano fonti vicine all'Abn Amro, è che Fiorani si è mosso fin qui in maniera ostile, e inoltre pretende di comandare dentro una banca che Abn Amro considera casa propria. Senza contare che per dimensioni e solidità la banca olandese è un elefante rispetto al topolino di Lodi. E farsi dettare condizioni in casa propria da un topolino non è mai piacevole. Tuttavia le dichiarazioni dei due sfidanti sono accomodanti, concilanti: «Il ruolo già svolto in Antonveneta da Abn Amro rappresenta un elemento di cui tener conto in maniera particolare per un ulteriore sviluppo dell'azienda e per il contributo che la stessa può dare all'economia e alle imprese locali», dice Fiorani ai giornalisti che gli telefonano pochi minuti dopo l'incontro.

Dopo la guerra «di posizione» sembra il disgelo, con la volontà di avviare un tavolo di confronto per trovare una soluzione qualificabile, spiega una fonte vicina alle trattative, «come un equo compromesso che soddisfi tutti».

Un percorso in qualche modo obbligato e di «buon senso», spiegano le stesse fonti, spinto da un lato dalla constatazione che i due contendenti con i rispettivi alleati, «hanno pressoché un pari peso nel capitale di Antonveneta», e dall'altro dalla rinnovata intesa tra il Governatore Antonio Fazio e il premier Silvio Berlusconi sulla necessità di difendere l'italianità delle banche.

Si schierano le truppe

Il clima di mezzo idillio tra lodigiani e olandesi dura tre giorni, e va in pezzi il 21 gennaio, di prima mattina, quando a Spinelli va di traverso il cappuccino leggendo le prime righe di un servizio di *Economy*: «Dal matrimonio tra Banca Popolare di Lodi e Antonveneta nascerà la Banca Popolare Italiana. È questo», scrive il settimanale, «il nome che Giampiero Fiorani, amministratore delegato dell'istituto lodigiano, ha in mente di dare alla nuova creatura bancaria, che si posizionerebbe al sesto posto tra i grandi gruppi del credito».

Scoprire che Fiorani ha deciso il nome delle nuova banca prima di possederla, senza fare cenno alla cosa nell'incontro di tre giorni prima, è per Spinelli e per Abn Amro un atto di scortesia inconcepibile. Tanto piú che il nome della nuova banca, come si viene a sapere di lí a poco, è stato registrato già da tempo dallo stesso Fiorani.

In quei giorni si muovono anche piccoli azionisti di Antonveneta e personaggi del mondo della cultura, guidati da Gilberto Muraro, ex rettore dell'ateneo di Padova e consigliere indipendente della banca, nonché promotore dell'appello sottoscritto da una quarantina di personalità venete, per il quale «l'elemento di forza» dell'istituto «è stato quello spirito di banca popolare dentro una spa. È un legame», sostengono i firmatari dell'appello, «che vorremmo fosse mantenuto».

I piccoli azionisti, dal canto loro, si rivolgono direttamente al Governatore Fazio, sospettato di parteggiare in maniera piú o meno nascosta per gli «scalatori» di Lodi: a garantire la natura delle banca e le sue radici legate al territorio sono gli olandesi di Abn Amro, fanno sapere all'uomo di Via Nazionale. I progetti dell'italianissima Popolare di Lodi – invece – sono fumosi e in larga parte sconosciuti.

In realtà a precisare il piano di Fiorani ci pensa *la Repubblica*, in un ampio servizio dedicato alle vicende di Antonveneta: il banchiere di Lodi vorrebbe imporre una scissione della banca padovana in due divisioni, corporate e retail. La fusione avverrebbe tra le diverse divisioni in modo da assicurare alla Banca Popolare di Lodi il controllo assoluto (51%) sia della parte retail che di quella corporate.

«Se questa impostazione fosse confermata», scrive il quotidiano romano, «alla fine sarebbe il traballante istituto lodigiano a mangiare la piú sana realtà veneta».

La risposta olandese alla «scortesia» di Fiorani arriva il 7 febbraio successivo, ed è affidata al presidente del gruppo olandese Rijkman Groenink che riceve un gruppo di giornalisti italiani ad Amsterdam: «Riteniamo che Antonveneta abbia un eccellente futuro come banca "stand alone", difenderemo gli interessi dei suoi azionisti, lavoreremo per costituire un nuovo patto di sindacato e daremo battaglia in consiglio se verrà presentata una proposta di fusione che distrugge valore per la banca padovana, che siamo comunque pronti a ricapitalizzare».

Sul tavolo il banchiere olandese mette i dati del bilancio appena presentato: un attivo di oltre 600 miliardi di euro, una capitalizzazione di mercato di 35 miliardi, un utile netto che è cresciuto del 30%, toccando quota 4,1 miliardi. Come a dire: se la Banca Popolare di Lodi crede di spaventarci e metterci in fuga, ha fatto male i conti.

C'è posta per Fazio

Il 10 febbraio arriva un nuovo colpo di scena: le agenzie di stampa ricevono notizia di una lettera inviata al Governatore Fazio dal Commissario europeo per il mercato interno Charlie McCreevy. Vi si chiede se è vero che la Vigilanza della Banca d'Italia stia ponendo ostacoli all'ingresso di banche straniere nel capitale di quelle italiane, in violazione delle norme europee sulla concorrenza. Un'ingerenza dovuta da parte della Commissione, ma che certo non farà felice il padre-padrone di Via Nazionale, come lo chiamano i suoi detrattori.

Molti osservatori si aspettano che Fazio risponda per le rime due giorni dopo, in occasione dell'undicesima edizione del Forex, il tradizionale e importante appuntamento organizzato da Assiom (l'Associazione italiana operatori mercati dei capitali), Aiaf (Associazione italiana analisti finanziari) e Atic Forex (Associazione che raggruppa gli operatori dei mercati finanziari e dei sistemi di pagamento che operano in Italia).

L'assemblea si tiene al Forum Guido Monzani di Modena, sotto l'organizzazione della Banca Popolare dell'Emilia Romagna. La relazione di Fazio, all'indomani dei casi Parmalat e Cirio, è molto attesa, e la lettera da Bruxelles contribuisce a mettere carne al fuoco. Alla vigilia dell'intervento di Fazio una nota della Banca d'Italia precisa però che i rapporti con la Commissione europea per il mercato interno saranno tenuti attraverso i «corretti canali istituzionali», e che comunque la linea di pensiero del Governatore è nota: in Italia non è stata praticata alcuna forma di protezionismo. Anzi, la presenza di istituti esteri nel nostro paese è superiore a quella delle banche italiane fuori confine.

In pubblico, a Modena, Fazio rivendica con orgoglio il grosso lavoro fatto negli anni novanta per ridare smalto a un sistema creditizio italiano in difficoltà. Il tempo delle grandi aggregazioni – secondo Fazio – sembra però essere scaduto: qualche ulteriore matrimonio potrà esserci, non ultimo quello tra Banca Nazionale del Lavoro e Monte Paschi di Siena, su cui il numero uno di Via Nazionale aveva già fatto scendere la propria benedizione in tempi non sospetti. Per il resto, si potrà assistere forse a fusioni tra entità medio-piccole, come le Popolari, o quella tra Antonveneta e Lodi.

L'accenno alla vicenda che infiamma il mondo della finanza italiana sembra studiato per ribadire l'appoggio di Fazio a Fiorani e ai suoi progetti, alla faccia delle proteste degli olandesi, delle preoccupazioni dei piccoli azionisti e delle osservazioni della Unione Europea. Piú tardi, al tavolo a lui riservato, il Governatore sistema al suo fianco il presidente di Banca Intesa Giovanni Bazoli e quello di Capitalia Cesare Geronzi. Al lato opposto rispetto a Geronzi siedono proprio Giampiero Fiorani e il suo amico fidato Emilio Gnutti.

Dopo il caffè, con una mossa teatrale, il Governatore lancia al mondo intero un messaggio che vale piú di mille parole: una semplice, breve passeggiata per le vie del centro di Modena con la moglie e il figlio. Accanto al terzetto familiare due sole persone: il senatore di Forza Italia Luigi Grillo, amico di famiglia, e Giampiero Fiorani. Altro che «neutralità» nella contesa tra lo stesso Fiorani e gli olandesi!

Vento di Opa

L'8 marzo a Roma fa freddo. A palazzo Koch, sede di Bankitalia, è previsto un incontro fra il Governatore Fazio e i vertici di Abn Amro sul caso Antonveneta. Il *Financial Times* dedica all'evento addirittura la prima pagina: «Abn Amro testerà oggi la determinazione dell'Italia a proteggere le sue banche dai predatori stranieri», scrive il quotidiano economico londinese. «Ciò avverrà quando gli olandesi comunicheranno ad Antonio Fazio, potentissimo Governatore della Banca di Italia, che stanno considerando la possibilità di lanciare una Opa su Antonveneta».

Per il quotidiano, che cita fonti vicine alla vicenda, l'eventuale veto di Fazio potrebbe lasciare ad Abn tre opzioni: uscire del tutto da Antonventeta, accettare, se esistono, altre contropartite offerte dal Governatore o aprire un contenzioso a livello comunitario. Insomma, spiega il *Financial Times*, «tutte le opzioni sono aperte».

Tra i fattori di mercato che potrebbero deporre contro l'Opa olandese c'è il prezzo del titolo di Antonveneta che potrebbe rendere l'operazione piuttosto impegnativa. Per il quotidiano inglese, come anche per gran parte della stampa italiana, un altro scenario praticabile potrebbe essere un accordo per un nuovo patto di sindacato che sostituirebbe quello in scadenza il prossimo aprile. C'è però da fare i conti con il rastrellamento di azioni Antonveneta che continua in borsa, e che secondo molti osservatori avrebbe come mandante Fiorani.

Alla vigilia dell'incontro tra Fazio e gli olandesi interviene, stavolta direttamente, il commissario Ue al mercato interno McCreevy, e lo fa in maniera certo non amichevole nei confronti di Fazio: «Non si può bloccare una Opa su una banca solo sulla base del fatto che la banca che vuole condurre il takeover non è italiana», fa dire Mccreevy al suo portavoce, Oliver Drewes.

«Qualunque siano le ragioni per cui il Governatore Fazio potrebbe voler respingere questa offerta», precisa Drewes, «questo non può essere a causa del fatto che Abn Amro non è una banca italiana». Gli fa eco, sul fronte opposto, una dichiarazione del ministro italiano del Welfare Roberto Maroni, che parla in Senato a margine di una conferenza stampa convocata su tutt'altri argomenti: «Ci aspettiamo che il Governatore Fazio mantenga le posizioni prese. Siamo convinti», aggiunge Maroni, «che Fazio farà tutto ciò che serve per garantire il risultato, ovvero la difesa delle banche, soprattutto le Popolari».

Pressioni contrapposte, che accompagnano l'arrivo a palazzo Koch del presidente dell'istituto olandese, Rijkman Groenink, del responsabile per le attività italiane del gruppo, Francesco Spinelli e del loro avvocato, l'insigne professor Guido Rossi. Li accompagna anche la funesta analisi di un importante esponente del mondo finanziario francese che – restando anonimo – detta all'Ansa queste parole: «Per degli stranieri è un suicidio vero e proprio prendere una partecipazione in una banca italiana. Il coltello dalla parte del manico è sempre e solo nelle mani di Fazio. Una minaccia dell'Unione Europea e una soluzione tra cinque anni a chi possono fare paura?».

Faccia a faccia in Via Nazionale

L'incontro tra Fazio e gli olandesi dura un'ora e un quarto. All'uscita i tre visitatori non aprono bocca con i giornalisti, ma le indiscrezioni non tardano ad arrivare lo stesso sulle scrivanie dei giornalisti economici: l'istituto di Amsterdam ha espresso le perplessità sull'ipotesi di trovare un accordo con la Bipielle di Giampiero Fiorani, che si è mossa fino a quel momento in maniera sotterranea, ostile e per certi versi arrogante, considerando anche le differenti dimensioni dei due rivali: l'Abn Amro – undicesimo istituto di credito europeo – e la Popolare di Lodi, piccolo istituto di provincia con i conti un po' a mollo.

Il Governatore, da parte sua, avrebbe ribadito la propria contrarietà a un'Opa olandese, agitando la velata minaccia di una forte opposizione di Bankitalia a un progetto del genere. Fazio avrebbe quindi invitato Groenink ad accettare un condominio con la Popolare di Lodi, magari ritoccando al rialzo la quota degli olandesi in una governance condivisa.

«L'indicazione arrivata finora da Bankitalia», dicono alcune fonti vicine al dossier, «è chiara e diventa sempre piú difficile cambiare rotta». Tuttavia gli olandesi sarebbero rimasti fermi sulle loro posizioni, e avrebbero chiesto al Governatore di individuare una soluzione alternativa alla fusione Antonveneta-Popolare di Lodi, considerata lesiva degli interessi degli azionisti. «Prima della fine dell'incontro», scrive il bene informato *Milano Finanza*, «il presidente di Abn Amro Rijkman Groenink avrebbe minacciato una «risposta di mercato» nell'eventualità che ad aprile una cordata d'investitori coagulata intorno alla Banca Popolare di Lodi si presenti all'assemblea di Antonveneta determinando un radicale cambiamento negli assetti di controllo dell'istituto padovano. Groenink avrebbe addirittura minacciato di non limitarsi a un'Opa su Antonveneta, ma di poter allargare le mire di Abn Amro anche su Capitalia, banca in cui Abn detiene una quota sindacata del 9%».

In extremis Fazio sarebbe riuscito, sempre secondo il quotidiano, «a strappare una promessa agli olandesi: quella di un ultimo tentativo negoziale con la cordata Bipielle allo scopo di trovare una soluzione comune sul futuro dell'istituto padovano». Promessa che Groenink mantiene, incontrando quella stessa sera l'amministratore delegato della Popolare di Lodi Fiorani per un estremo tentativo di accordo.

L'indomani, dopo aver letto sui giornali dell'incontro tra Fazio e gli olandesi, entra in campo anche la Consob, che convoca i vertici di Abn Amro e Popolare di Lodi per una riunione chiarificatrice. Il presidente dell'Authority Lamberto Cardia pretende chiarezza sui movimenti dei due sfidanti, e soprattutto sul rastrellamento di azioni di Antonveneta attuato con tutta probabilità da finanzieri vicini o vicinissimi a Giampiero Fiorani. Davanti a Cardia, Fiorani ammette di controllare, direttamente o indirettamente, circa il 5% delle azioni di Antonveneta, mentre Groenink affida a un comunicato la ribadita intenzione di «considerare tutte le alternative per difendere gli interessi propri, degli azionisti e dei clienti della Banca Antonveneta».

In Borsa si diffondono voci di un accordo imminente tra Fiorani e gli olandesi, con la benedizione di Fazio. In realtà, però i termini del patteggiamento sembrano nebulosi e quasi impossibili, visto che le due parti non recedono dalle proprie posizioni. E infatti a gettare acqua fredda sui presunti calumet di pace arriva una indiscrezione di *Repubblica* dell'11 marzo, secondo cui «la trattativa non esisterebbe proprio e ieri sera sarebbero scadute le 48 ore che le rispettive parti si erano date per trovare un accordo».

Il ministro chiede lumi

«L'incontro di martedí sera a Lodi tra Giampiero Fiorani e Rijkman Groenink è stato quindi un puro atto di cortesia nei confronti del Governatore che l'aveva caldeggiato[1]. Ma anche in quella sede si è appurato che i presupposti per una discussione non ci sono. La Popolare di Lodi insiste per la fusione mentre gli olandesi non possono accettare un ruolo di secondo piano nella compagine azionaria». «Stando a indiscrezioni attendibili», dice ancora *la Repubblica*, «Fiorani sarebbe già pronto a salire al 10% di Antonveneta dopo che mercoledí aveva comunicato di controllarne il 4,9%».

Dopo il giro di valzer romano, insomma, tutti si ritrovano al punto di partenza. E tanto per non smentire la sua fama di arbitro-tifoso, il 16 marzo Fazio riceve l'amico Fiorani in Via Nazionale, poi si fa accompagnare da lui alla celebrazione della ventottesima giornata del credito, assistendo alla premiazione finale, e infine se lo porta dietro al successivo pranzo di lavoro presso la sede di rappresentanza a Roma della Banca Popolare di Novara.

Quello stesso 16 marzo *Il Sole 24 Ore* rivela l'esistenza di un carteggio tra il ministero del Tesoro e la Consob: il ministro Domenico Siniscalco ha chiesto il 9 febbraio al presidente Lamberto Cardia se «gli scambi sul titolo Antonveneta, particolarmente intensi negli ultimi mesi, siano stati messi sotto osservazione». Cardia ha risposto a Siniscalco il 14 febbraio e il 21 febbraio con due missive: «i contenuti dei documenti rimangono riservati». Siniscalco avrebbe ritenuto «interlocutorie» le risposte di Cardia e «avrebbe inviato il carteggio anche alla Banca d'Italia».

Lo stesso Siniscalco, interpellato a margine dell'inaugurazione dell'Anno accademico della Guardia di finanza, specifica che tra Tesoro e Consob «c'è una corrispondenza abbastanza fitta, non eccezionale. Io chiedo alla Consob continuamente indicazioni. Dall'inizio dell'anno», ha aggiunto il ministro, «credo di averlo fatto 5 volte su almeno 3 questioni».

2. Il gioco dell'Opa

Fiato alle trombe

Caduta la mediazione di Fazio per accertata partigianeria del mediatore, esplorate senza successo le ipotesi di accordo, il 18 marzo un titolo di spalla del *Sole 24 Ore* – «Abn Amro non molla Antonveneta» – certifica la linea dura decisa da Abn Amro il giorno precedente nel corso di una riunione ad Amsterdam: «Gli olandesi confermano l'intenzione di adottare una linea dura e di essere pronti a fare valere i propri diritti con tutti i mezzi possibili. Se questo comporterà il lancio dell'Opa lo si vedrà nei prossimi giorni», scrive il principale quotidiano economico italiano.

Della vicenda si occupa anche *Repubblica*: «Prima o poi la rottura si doveva consumare tra il gigante olandese e la Popolare di Lodi, protetta da Bankitalia», scrive il quotidiano diretto da Ezio Mauro. «Il progetto di fusione pensato in Via Nazionale per impedire ad Abn di prendere il controllo della Antonveneta era troppo indigesto perché la banca olandese potesse accettarlo. Entro venerdí ci sarà il Cda di Abn, all'ordine del giorno anche il progetto Opa».

In realtà gli olandesi non hanno perso nemmeno un minuto: già la sera prima un funzionario di Abn Amro ha depositato in Banca d'Italia i documenti necessari all'avvio di un'Opa. Si tratta del primo passo che precede quello del deposito vero e proprio della relativa documentazione. La normativa di vigilanza prevede, infatti, che il soggetto intenzionato a lanciare un'Opa su una banca ai fini dell'acquisizione di una partecipazione rilevante che porti al controllo dell'istituto stesso, ne debba informare preventivamente la Banca d'Italia, almeno sette giorni prima della convocazione degli organi deliberanti chiamati ad approvare l'operazione. Via Nazionale ha dunque una settimana di tempo per prospettare la presenza di «eventuali ostacoli» al progetto stesso. Sempre in base alle disposizioni vigenti, dopo aver messo ai voti con successo l'operazione, il soggetto che lancia l'Opa è tenuto a presentare la relativa documentazione in Bankitalia, la quale, a questo punto, ha 30 giorni di tempo per dare o meno l'approvazione all'intero progetto.

Stranieri all'assalto

A drammatizzare la notizia dell'avvio dell'Opa olandese su Antonveneta contribuisce il fatto che quello stesso giorno anche gli spagnoli del Banco di Bilbao aprono formalmente la procedura di Opa sulla Banca Nazionale del Lavoro, di cui sono i principali azionisti col 14,7% delle azioni. La prima reazione a caldo alla duplice notizia arriva dal vicepresidente degli industriali, Andrea Pininfarina, ed è assolutamente positiva: «L'Opa», spiega Pininfarina a margine dell'assise di Confindustria in corso a Bari, «è sempre il metodo piú trasparente per acquisire il controllo di un'azienda ed è un contributo alla concorrenza e alla liberalizzazione nel settore delle banche. Il nostro giudizio», prosegue, «è quindi assolutamente positivo. Non credo che una maggiore apertura del mercato italiano sia un rischio».

«Le Opa sono un momento di giudizio sulla maturità del mercato. Ben vengano, il mio giudizio è positivo», gli fa eco il presidente della Piaggio, Roberto Colaninno. Per Colaninno, autore sei anni prima della gigantesca Opa su Telecom Italia, «un'Opa apre un confronto, un giudizio, un dialogo e il mercato ha bisogno di questo. Le autorità poi devono dare il proprio giudizio non essendo però di parte ma sempre indipendenti».

«Se gli stranieri sono cosí interessati al nostro mercato significa che quello italiano è un bel mercato dove ci sono delle belle banche», sostiene quasi divertito dalla notizia l'amministratore delegato di Banca Intesa, Corrado Passera, che aggiunge: «Questo fa parte dell'essere Europa, dell'essere aperti, dell'essere oggi un sistema bancario sicuramente competitivo».

Se il mondo degli affari non sembra spaventato delle Opa olandese e spagnola, quello politico si divide in maniera trasversale: i diessini D'Alema e Fassino si ritrovano d'accordo con Gasparri di Alleanza Nazionale e Sacconi di Forza Italia, ma anche con Bertinotti di Rifondazione, nel chiedere «reciprocità». In sostanza, dicono, è bene che gli stranieri facciano acquisti in Italia, ma gli italiani devono essere in grado di fare lo stesso all'estero. Rutelli della Margherita e Tabacci dell'Udc sostengono all'unisono che il sistema bancario italiano non deve innalzare bandiere protezionistiche. Un altro diessino, Pierluigi Bersani, si ritrova accanto a Maurizio Crosetto di Forza Italia e Roberto Calderoli della Lega nel difendere l'autonomia del sistema bancario italiano.

Ma a mettere i piedi nel piatto sulla liceità del protezionismo messo in atto dal Governatore Fazio sono voci esterne al Palazzo: «Gli eventi di queste ore», afferma il segretario generale della Fisac-Cgil (uno dei sindacati dei bancari) Domenico Moccia, «confermano la miopia provinciale con cui il Governatore ha condotto il riassetto del sistema creditizio e finanziario italiano. In questo momento l'Italia si trova senza una banca con patrimonio e dimensioni tali da potersi proporre come competitore globale e, contemporaneamente, con un sistema particolarmente vulnerabile negli assetti proprietari». Luigi Leone, segretario generale della Falbi, prima sigla per iscritti in Banca d'Italia, osserva che «quanto avvenuto sconfessa il Governatore e la sua strategia. Finalmente», aggiunge, «si è al cospetto di un'operazione condotta nel rispetto della trasparenza, a tutela anche dei piccoli azionisti».

C'è anche chi legge l'intera vicenda pensando agli interessi non degli azionisti ma degli utenti bancari, come l'Adusbef, associazione del consumerismo da sempre attenta al comparto creditizio: «L'apertura del mercato e l'abolizione del protezionismo sono "salutari" per i consumatori. Gli altissimi costi dei servizi bancari potrebbero infatti subito scendere del 50%. Oggi come oggi», continua l'associazione in una nota, «l'Italia è per le banche il paese di Bengodi, perché non esistono diritti e tutele, mentre le istruzioni di vigilanza di Bankitalia danno la licenza di scippare utenti e consumatori. In quale altro mercato», continua la nota, «un conto corrente costa tra i 500 e 750 euro l'anno, mentre se si vuole cambiare banca bisogna pagare un pedaggio feudale da 500 a 1.000 euro per trasferire titoli dematerializzati?». L'auspicio dell'associazione dei consumatori è quindi che l'ingresso delle banche straniere «faccia attivare la concorrenza e migliorare la bassa qualità dei servizi».

Fermate quell'Opa

Mentre fioccano le dichiarazioni, l'Opa di Abn Amro su Antonveneta inizia a passare dalle parole ai fatti. Tanto che – all'indomani del comunicato con il quale gli olandesi si sono limitati a confermare l'azione di forza come una delle possibilità – negli stessi ambienti si ragiona già sul prezzo dell'offerta: 24-24,5 euro, con un esborso complessivo vicino ai 6 miliardi per la banca guidata da Rijkman Groenink. «Quello di Amsterdam non è un bluff», conferma all'Ansa una fonte vicina al dossier, «anche se i tempi tecnici sono da studiare al fine di evitare lo scontro con i soci Delta Erre, che come è noto sono sul piede di guerra contro un'Opa che anticipi la scadenza naturale del Patto a metà aprile. L'impegno finanziario necessario all'operazione», viene poi sottolineato, «è certamente pesante e lascia qualche perplessità. Bisognerà vedere quali livelli il titolo raggiungerà nelle prossime sedute, dopo la corsa già rilevante degli ultimi mesi».

Intanto, nella convulsa giornata di venerdí 18 marzo, a ridosso della conferma di Bankitalia sulle informative circa la doppia-sfida di Bbva su Bnl e Abn su Antonveneta, i titoli della banca padovana raggiungono quota 22,79 (+4%), a un soffio dai massimi di 23 euro toccati a fine febbraio e ormai lontani dai 18-19 euro di inizio d'anno. Se dunque, come Piazza Affari mostra di credere, la ventilata offerta pubblica non fosse solo tattica, la parola passa nell'immediato al Governatore Antonio Fazio, il quale dovrà esprimere entro il 21 marzo (la presentazione del progetto di Abn Amro è del 15 marzo), il parere di massima sull'esistenza o meno di gravi ostacoli all'operazione.

Una settimana di passione

La settimana di Pasqua che inizia il 21 marzo si prospetta, per il cattolicissimo Fazio, come una settimana di passione in tutti i sensi. Due interi mondi, quello politico e quello finanziario, trattengono il fiato in attesa del suo pronunciamento sulle Opa lanciate da spagnoli e olandesi su Bnl e Antonveneta. Dal suo orientamento si capirà se il mondo bancario italiano è maturo per l'apertura all'esterno o si chiuderà a riccio in un nuovo ma antichissimo protezionismo.

Già quel 21 marzo è atteso, in base alla normativa in vigore, il parere del Governatore sull'informativa preliminare depositata esattamente una settimana prima dal colosso di Amsterdam. Entro venerdí santo dovrebbe invece conoscersi l'orientamento sul Banco di Bilbao. In realtà Fazio sarà tenuto a distinguere nettamente i due dossier per una serie di importanti ragioni: Abn Amro, infatti, è presente in Italia non soltanto in Antonveneta, ma anche, con il 9%, in Capitalia, quarto polo bancario italiano e l'Opa ipotizzata è stata definita, ancora venerdí, «un'opzione» tra le altre possibili.

Piú spedito verso l'Opa (di cui Bilbao ha dato già ampi dettagli) appare invece il percorso per il controllo della Bnl. Interpellato a Bruxelles dall'Ansa in cerca di notizie sull'atteso pronunciamento di Fazio, il capo-ufficio stampa di Abn Amro, Jochem van de Laarschot risponde gentilmente ma seccamente: «È meglio porre la domanda alla banca centrale italiana, perché sta a loro rivelare quello che faranno o meno». Tuttavia l'attesa è grande negli uffici belgi e olandesi di Abn Amro, ma anche a Lodi, a Padova e in mezzo mondo finanziario europeo.

Antonio Fazio il temporeggiatore

Nelle ovattate stanze di Bankitalia però la pressione psicologica almeno apparentemente non arriva: Fazio prende tempo, la sua decisione, attesa al massimo per l'ora di pranzo, arriva solo a tarda sera. Fazio aveva davanti a sé due opzioni: un «sí» all'offerta pubblica di acquisto olandese, oppure un secco «no», nel caso in cui la documentazione presentata dagli olandesi fosse viziata da gravi irregolarità.

Sorprendendo tutti il Governatore sceglie invece una terza strada, che non ha precedenti: una comunicazione interlocutoria sulla necessità di maggiori approfondimenti. Decisione contraria alle regole del gioco, che sembra avere il solo scopo di far perdere tempo prezioso agli olandesi e dar modo a Fiorani e alla Popolare di Lodi di preparare le contromosse. L'arbitro tifoso, pensano in tanti quel giorno nella comunità finanziaria, ha fischiato un rigore a favore della sua squadra cinque minuti dopo l'inizio della partita.

La mossa del Governatore della Banca d'Italia coglie di sorpresa il gruppo di Amsterdam, che era convinto di avere le carte in regola per lanciare l'Opa e che si vede costretta a rinviare tutti i suoi programmi. Costretta al rinvio anche la Commissione europea sul mercato interno, che era pronta al vaglio minuzioso di un eventuale «no» di Fazio agli olandesi e si vede invece spiazzata dalla decisione di non decidere.

Anche la Borsa è spiazzata, e il titolo di Antonveneta va sull'ottovolante, con un'apertura in forte rialzo (+ 3,4% a 23,57 euro) seguita da un'improvvisa picchiata a quota 22,77 euro (– 0,08%) e una nuova accelerata finale, con un + 2,41% segnato in chiusura a 23,34.

Sul versante ostile ad Abn Amro l'inopinata decisione del Governatore viene accolta viceversa con squilli di trombe e rulli di tamburi, soprattutto dagli esponenti della cosiddetta «razza padana», con in testa Emilio Gnutti che dichiara a tambur battente: «La mia posizione è chiara: non darò mai le mie azioni della banca agli olandesi e come me penso faranno tanti piccoli e medi soci veneti dell'ex popolare».

Paolo Sinigaglia, proprietario della compagnia aerea Alpi Eagles e socio della fiduciaria Delta Erre insieme a Gnutti, ribadisce il concetto: «Non sarò mai disposto a cedere alle lusinghe di quella che può essere un'attività speculativa». Tace invece, strategicamente, Giampiero Fiorani, che con la «non decisione» di Fazio ha incassato e messo a segno il primo rigore a favore.

La giornata si chiude con una dichiarazione del ministro del Welfare Maroni, che anticipa plasticamente la posizione della Lega Nord nel seguito della vicenda: «È in atto un vero e proprio tentativo di aggressione sul sistema creditizio italiano a tutela degli interessi privati di alcuni grandi gruppi». Quindi, nel linguaggio colorato che piace ai cronisti, il ministro aggiunge: «l'Italia rischia di essere cornuta e mazziata perché in molti settori le nostre imprese non riescono a entrare nei mercati europei». Viva Fazio quindi, nato ad Alvito, in Ciociaria, e trasformatosi, suo malgrado, in campione della razza padana e dei suoi politici.

Ministro contro Governatore

Il risiko bancario è ormai cosí caldo che il 24 marzo se ne occupa persino «Porta a Porta», cercando di rendere popolare un tema ostico alla maggior parte degli italiani. Tra gli ospiti di Bruno Vespa c'è il ministro del Tesoro Siniscalco, le cui parole sembrano sconfessare l'operato di Fazio: «L'italianità è un tema popolare, ma indifendibile a livello di Unione Europea. Il governo non ravvisa nessun motivo per intervenire». Una posizione che l'indomani verrà fatta propria anche dal premier Silvio Berlusconi, che pure si era speso in passato nella difesa dell'italianità insieme a Fazio: «Il sistema bancario», dice l'inquilino di Palazzo Chigi, «deve lavorare in un quadro di "mercato e di libertà di mercato"». Purtroppo, però, le ardite mosse del Governatore di Bankitalia sui dossier Antonveneta e Bnl hanno nel frattempo riattirato l'attenzione della stampa internazionale. Lo dimostra un editoriale del 29 marzo della *Frankfurter Allgemeine Zeitung*: «È tempo di smantellare le mura invisibili che Antonio Fazio ha costruito da anni intorno al mercato bancario italiano», scrivono i tedeschi. «Ma chiunque vorrà sfidare il Governatore di Bankitalia nella sua difesa dell'italianità delle banche contro le offerte di quelle estere, avrà bisogno di fermezza e di un alleato affidabile nella Commissione Europea».

«Mentre cerca di stoppare gli spagnoli del Bbva e gli olandesi di Abn Amro, interessati rispettivamente a Bnl e Antonveneta», scrive la *Faz*, «Fazio non sembra avere altrettante difficoltà nei confronti di azionisti italiani», come il contropatto di Bnl, «guidato da un imprenditore edile che ha a fianco due giovani imprenditori immobiliari sui quali fino a poco tempo fa si sapeva solo che avevano come sede dello loro finanziarie le Channel Islands e Lussemburgo».

Affondo olandese

Alle 8,38 del mattino del 30 marzo l'Ansa è la prima agenzia europea a battere una notizia ormai considerata ineluttabile negli ambienti finanziari: «Abn Amro ha lanciato un'Opa volontaria sul 100% di Antonveneta». Nei successivi take l'agenzia precisa meglio i contorni dell'operazione: Abn Amro offre 25 euro in contanti per ogni azione ordinaria Antonveneta. L'offerta di Abn ha, tra le altre condizioni di efficacia, il raggiungimento, direttamente o indirettamente, di una partecipazione superiore al 50% nel capitale di Antonveneta. L'Ansa cita testuali passaggi del documento dell'offerta, secondo cui a tal fine verranno conteggiate «le azioni acquisite dall'offerente, direttamente o indirettamente da Abn al di fuori dell'offerta prima della data del pagamento. La parola», scrive ancora l'Ansa, «passa ora a Banca d'Italia, che entro il 31 maggio 2005 dovrebbe rilasciare ad Abn Amro l'autorizzazione incondizionata a superare la soglia di partecipazione nel capitale sociale di Antonveneta del 50% e ad acquistare il controllo indiretto delle banche e delle società di gestione del risparmio appartenenti al gruppo. Abn Amro finanzierà l'operazione in gran parte mediante un aumento di capitale per un controvalore complessivo fino a un massimo di circa 2,66 miliardi di euro. L'operazione costerà al gruppo olandese 6,3 miliardi di euro. L'offerta del gruppo, che possiede il 12,676% di Antonveneta, ha infatti come oggetto l'87,324% del capitale sociale della banca veneta».

In un lodevole tentativo di tranquillizzare i difensori dell'italianità bancaria il gruppo olandese fa anche sapere, in quelle ore zeppe di cifre e dati tecnici, «di voler rafforzare il radicamento territoriale della banca mantenendo la sede sociale e la direzione generale di Banca Antoneventa nella città di Padova». Abn intende inoltre «mantenere la proprietà e l'utilizzazione dei marchi e degli altri segni distintivi, oltre ad assicurare che una quota rilevante della raccolta sia reimpiegata nelle aree di radicamento tradizionale a supporto delle aree imprenditoriali locali».

Il documento prevede poi «adeguate autonomie creditizie e commerciali nella gestione della rete», e garantisce «l'autonomia del management di Banca Antonveneta, coerentemente con il modello operativo di tipo federale adottato dall'Offerente nell'ambito della propria gestione delle attività internazionali», assicurando cosí un'adeguata «rappresentanza della comunità locale negli organi sociali».

La reazione piú veloce alla mossa olandese è ovviamente del mercato: appena riammesse dopo la sospensione in attesa del comunicato di Abn Amro, le azioni Antonveneta balzano in alto e si portano verso il prezzo dell'offerta. Nelle prime battute salgono del + 4,59% a 24,6 euro. Abn Amro offre invece un corrispettivo di 25 euro per azione.

La seconda reazione viene da un piccolo azionista di Antonveneta non legato al carro di Fiorani e della «razza padana» di Gnutti, l'industriale Mario Carraro, ex presidente della Confindustria del Veneto: «Benvenuta l'Opa di Amsterdam. In un'ottica di internazionalizzazione, meglio l'alleanza con gli olandesi che con Lodi». L'imprenditore spiega di aver sempre auspicato il radicamento di Abn Amro a Padova «anche perché c'è già una presenza consolidata della banca olandese in questa citta». Per Carraro, inoltre, sarebbe «sciocco da parte degli olandesi pensare di non lasciare il governo di Antonveneta agli italiani». «Io, con Antonveneta in Abn», conclude, «vedo una banca destinata a una strategia italiana di sviluppo, e non a diventare una succursale della banca olandese».

La soddisfazione di Carraro ha radici nei solidi numeri di Abn Amro, una realtà di certo enormemente piú consolidata dell'altra pretendente di Antonveneta, la Popolare di Lodi: Abn Amro è infatti uno dei colossi bancari mondiali, che fa risalire le sue origini al lontano 1824. Con base in Olanda è diventato nel corso degli anni un gruppo internazionale presente in piú di 60 paesi con oltre 97.000 dipendenti, quotato sia sul mercato Euronext (che raggruppa le Borse di Amsterdam, Bruxelles e Parigi) che a New York.

Secondo una recente classifica stilata dall'*European Banking Report*, Abn figura al tredicesimo posto per capitalizzazione fra le banche del Vecchio Continente. La capitalizzazione del gruppo, secondo il valore del titolo, è pari a circa 32 miliardi di euro, pari a una quota rilevante del totale del mercato azionario di Amsterdam. Il 2004 ha visto il gruppo chiudere con un utile netto di 3,7 miliardi di euro contro i 3,1 dell'anno precedente. Per quanto riguarda l'azionariato, Abn ha tra gli azionisti di rilievo il colosso finanziario Ing (quello del famoso «Conto arancio») con l'8,32% dei titoli ordinari, mentre il resto del capitale è suddiviso fra fondi di investimento internazionali (Capital Group ha il 5,2%) e piccoli azionisti. La provenienza geografica degli azionisti vede in prima fila gli europei (con oltre il 77%, di cui il 40% olandesi) seguiti dal Nord e Sud America (20,9%). A guidare operativamente il gruppo è il managing board presieduto da Rijkman Groenink, mentre lo statuto della società prevede anche la presenza di un supervisory board di 12 componenti, fra cui l'amministratore delegato dell'Enel Paolo Scaroni.

La scelta di Fazio

Sono cifre imponenti, che danno la misura della consistenza del colosso olandese, soprattutto se confrontato con il pollicino di Lodi, la Popolare di Fiorani. Numeri che mettono in risalto in maniera palese la contraddizione del Governatore Fazio. Il quale si comporta come un signorotto feudale che, dovendo dare in sposa la figlia al partito migliore, sceglie un contadinotto invece di un principe.

Tra i piccoli azionisti, riuniti in un comitato presieduto da Sergio Dalfrà, la nostalgia per i tempi pionieristici della piccola banca padovana si mescola alla soddisfazione: «La proposta di Abn Amro è buona. Dicono che lasceranno sede sociale e direzione a Padova?», si informa Dalfrà con i giornalisti. «Questo è già un punto di vantaggio, è un buona cosa, cosí come l'idea di fare una sorta di Cda del "territorio". Ma dispiace», prosegue, «per come si è arrivati a questa situazione, ovvero per come ci si è trovati davanti ai due estremi: o Lodi o Amsterdam. Insomma, in questi mesi c'è stata una campagna acquisti fatta in un certo modo, senza trasparenza, perché gli organi di controllo non hanno fatto la vigilanza nei tempi opportuni».

La critica è rivolta alla vigilanza della Banca d'Italia, e al rastrellamento di azioni messo in atto sottobanco da uomini vicini alla Popolare di Lodi. A novembre 2004, i piccoli azionisti di Antonveneta rappresentati nel comitato erano circa 150, per un totale di quota che arrivava all'1% del capitale. «Quanti siano adesso», spiega Dalfrà, «è un po' difficile dirlo. Sicuramente qualcuno nel frattempo ha venduto le azioni, ma c'è stato anche qualche nuovo ingresso».

Sulle proprie intenzioni dopo l'Opa di Abn, Dalfrà risponde: «Sicuramente, con un prezzo a 25 euro, un pensierino bisognerà farlo». Ma l'azionista torna a essere critico sul percorso che ha condotto al punto attuale: «In questi mesi», spiega, «non c'è mai stata un'offerta chiara, non c'era un dossier. In commercio tutto si vende e tutto si compra, ma c'è uno stile, si fa una trattativa». «Invece», prosegue Dalfrà, «ci siamo accorti che dal 24 di novembre 2004 ai primi di febbraio, su 288 milioni di azioni ne erano state scambiate 180 milioni, piú del 50%. Era una cosa abnorme e per questo avevo chiesto che intervenissero gli organi di controllo». «Hanno fatto in modo», accusa Dalfrà, «che si arrivasse a due schieramenti contrapposti, ma se visto questo andamento si fosse intervenuti, magari sospendendo il titolo, sarebbero scesi a patti. Invece hanno messo Abn Amro in un angolo, l'hanno costretta ad attaccare per non soccombere. Ora», conclude Dalfrà, «l'offerta degli olandesi è buona, ma per i clienti non è positivo il fatto che la banca vada a Lodi o ad Amsterdam, non sarà piú un istituto del Nord-est».

Mentre cominciano a fioccare le dichiarazioni dei politici, pro o contro Fazio e Fiorani, pro o contro gli olandesi, la palla passa nelle mani della Banca d'Italia che, insieme alla Commissione Ue, dovrà dare il suo assenso all'operazione. Ancora prima però, avvertono gli analisti finanziari, il Governatore Fazio vorrà verificare quali spazi ci sono per una resistenza organizzata col numero uno della Popolare di Lodi, il suo amico Giampiero Fiorani.

Per quanto riguarda la Consob, avrà tempo fino al 14 aprile per avanzare eventuali rilievi, in mancanza dei quali varrà la regola del silenzio-assenso. Investito dalla vicenda sarà ovviamente anche l'attuale Cda di Antonveneta che, al momento non ancora convocato, dovrà esprimere a breve un giudizio, sentito il parere degli advisor Goldman Sachs, Mediobanca e Morgan Stanley.

Gli olandesi contano di chiudere entro giugno e per questo la loro offerta non sarà piú efficace se entro il 31 maggio non arriverà l'autorizzazione di Bankitalia. Il supporto al piano industriale di Antonveneta, ha spiegato Abn nel documento d'offerta, avverrà «nel pieno rispetto delle linee guida della Banca d'Italia e delle caratteristiche del mercato italiano».

3. L'Europa ci guarda

Le prossime mosse del Governatore Fazio vengono attese con grande interesse da parte dell'intera comunità finanziaria internazionale. Ne è prova un editoriale di prima pagina del *Financial Times* in edicola il 31 marzo: «Sarebbe uno sbaglio porre il veto ai tentativi di takeover di Bnl e di Banca Antonveneta da parte, rispettivamente, di Bbva e Abn Amro». E la «vittima maggiore di un veto sarebbe l'Italia stessa», scrive il columnist del giornale londinese.

Un eventuale stop, secondo il quotidiano della City, verrebbe visto come «un segnale che l'Italia non è ancora pronta ad aprire i suoi mercati finanziari agli investitori stranieri». L'Italia, uno dei paesi «piú protezionisti» e «una delle economie piú deboli» dell'area euro, ha un «settore finanziario sottosviluppato». Inoltre, continua il *Ft*, «l'affare Parmalat e il modo in cui le autorità lo hanno gestito hanno danneggiato la reputazione del mercato finanziario italiano». Secondo il giornale, «la mancanza di un mercato finanziario integrato è uno dei maggiori gap nell'infrastruttura economica dell'Unione Europea, considerato che il mercato unico è parte della sua ragion d'essere. Per i 12 paesi dell'area euro è anche piú essenziale. Senza di esso, non può avere avvenire». La buona notizia, per il *Financial Times*, è che la banche stesse stanno per lo meno spingendo verso la direzione giusta, e conclude che «qualunque siano i meriti commerciali, le Opa di questa settimana suggeriscono che il processo di integrazione di mercato e di aggregazione potrebbe finalmente essere iniziato».

Il mondo secondo Giovanardi

Parole di ottimismo che, come vedremo, sono destinate a essere smentite dai fatti dei mesi successivi. Che la mossa di mercato di Abn Amro non sia sufficiente a piegare i tenaci difensori dell'italianità bancaria lo dimostra infatti fin da subito l'uscita del ministro per i Rapporti con il Parlamento Carlo Giovanardi, il quale apprende del lancio dell'Opa olandese mentre si trova a un incontro elettorale nel padovano con commercianti, piccoli imprenditori e coltivatori diretti: «Io sono dalla parte degli artigiani», spiega il ministro. «Se qualcuno pensa che le banche italiane, comprate da banche straniere con sede all'estero, possano ancora dare risposte sul territorio alle nostre piccole e medie imprese si sbaglia di grosso. Quindi io sono per difendere l'italianità delle nostre banche, per evitare che l'Italia venga colonizzata da imprese estere che farebbero inevitabilmente i loro interessi e non quelli del nostro sistema produttivo».

Riguardo alla possibilità che questa posizione possa fare entrare l'Italia in conflitto con l'Unione Europea, Giovanardi replica: «Il problema è che gli altri Paesi, Germania Francia e Inghilterra, sono bene attenti a non permettere agli italiani di conseguire posizioni strategiche nelle loro economie, e non si capisce perché noi non dovremmo difendere non tanto i nostri interessi legittimi come Stato, ma interessi del nostro sistema produttivo e dei nostri cittadini. Su questo il governo è molto determinato».

Una visione semplificata del mondo quella di Giovanardi, con gli stranieri cattivi e insensibili che vogliono pascolare nei nostri campi affamando i poveri artigiani indigeni, e gli italiani tenuti fuori dal resto del mondo con le cattive. Meno demagogico e piú vicino alla realtà del mondo finanziario il commento del presidente di Confindustria Montezemolo: «Il vero protagonista credo sia il mercato. È importante spingere ulteriormente su fusioni, aggregazioni e crescita del sistema bancario italiano».

Nessun commento arriva invece da uno dei principali protagonisti della vicenda, Giampiero Fiorani, il quale non parla ma agisce: all'indomani dell'annuncio di Abn Amro, in tarda mattinata, l'amministratore della Popolare di Lodi varca il portone della Banca d'Italia in via Nazionale, a Roma, per essere ricevuto dal Governatore.

Solo ad ora di cena le agenzie di stampa riportano le prime indiscrezioni sull'incontro al vertice tra arbitro e allenatore della squadra di Lodi: «Un colloquio», scrive l'Ansa, «su cui è calato il tradizionale riserbo, ma al termine del quale la Lodi avrebbe deciso di non mollare nella partita per il controllo dell'istituto veneto, anche se l'alto prezzo (25 euro) proposto dall'Opa degli olandesi starebbe facendo vacillare diversi piccoli soci, imprenditori ed esponenti locali, dapprima critici per la cessione dell'istituto a una banca estera». «L'ipotesi di una contro-Opa della Lodi», continua l'agenzia di stampa, «appare comunque remota per l'imponente valore finanziario dell'operazione (l'offerta Abn è pari a 6,3 miliardi di euro) e quindi le ipotesi piú accreditate puntano alla costituzione di un blocco di sbarramento e quindi alla presentazione di un'operazione alternativa di tipo industriale. In caso di fallimento dell'Opa, Abn ha dichiarato infatti che non rimarrà socio di minoranza di Antonveneta. Fiorani punterebbe cosí a prendere altro tempo per raccogliere il massimo consenso possibile in vista dell'assemblea dell'istituto che si terrà il 30 aprile in prima e il 15 maggio in seconda convocazione e che dovrà approvare il nuovo Cda. Quella sarà anche l'occasione per fare la conta degli schieramenti in campo. Il fronte raccolto intorno a Fiorani, accreditato alcune settimane fa intorno al 30%, potrebbe risultare a quella data anche maggiore. Ufficialmente alla quota di Popolare di Lodi (5,052%) va aggiunta quella di Unipol (2% ma che potrebbe salire fino al 5%), della Delta Erre (10,34%) e la partecipazione in mano a Benetton (4,8%) che ha comunque ribadito di essere "spettatore" nella partita. Per questo lo schieramento della Lodi spererebbe in un allungamento dei tempi per il lancio dell'Opa Abn, in modo da far passare un Cda Antonveneta piú "amico" e avere tempo per raccogliere altre forze. Al riguardo si parla del possibile intervento di alcune banche popolari del Veneto per affiancare e irrobustire il fronte della Lodi».

Il puntuale resoconto d'agenzia non sottolinea, forse semplicemente perché le cose sono già scandalosamente chiare, un dato anomalo: la strategia dell'amministratore delegato della Banca Popolare di Lodi nasce e si concretizza non nella sede deputata, gli uffici della banca a Lodi, ma a Roma, nell'ufficio del Governatore della Banca d'Italia. Che è anche l'istituzione cui spetta di verificare la correttezza delle procedure dell'offerta e la consistenza di coloro che l'avanzano. Ancora una volta Fazio si trova in palese conflitto col suo ruolo. Qualcuno dovrebbe fischiargli la punizione contro, se non fosse per il fatto che il fischietto lo ha in bocca lui.

Il ministro-Masaniello

Quel giorno, in effetti, tutto accade alla luce del sole. Segno che coloro che violano le regole e le buone consuetudini del sistema bancario non si vergognano di farlo. Oppure, il che forse è persino peggio, non hanno nemmeno coscienza di farlo: ecco quindi che il ministro delle Riforme Roberto Calderoli si trasforma in un Masaniello napoletano e minaccia addirittura di «scendere in piazza», magari con la scorta di Stato e l'auto blu, «per difendere Antonveneta e le banche italiane dall'assalto dei grandi gruppi stranieri».

Per una di quelle coincidenze che sono il sale della vita, il ministro parla proprio da Lodi; e non da un luogo qualunque di Lodi, ma dalla sala convegni della Banca Popolare di Lodi. Dove si trova non da semplice cittadino, ma da politico impegnato nella campagna elettorale per le elezioni regionali. In questo contesto, la banca amministrata da Giampiero Fiorani ha pensato di ospitare un incontro del ministro con gli elettori.

Calderoli ricambia la cortesia, ergendosi a difesa della Bpl contro lo straniero. Tutto chiaro, lampante, e non per questo meno anomalo. Ma Calderoli, fortuna sua, non ha problemi di buon gusto. Cosicché dal salone dei convegni di Bpl continua l'invettiva. E spiega che saranno poste in atto tutte le possibili azioni per contrastare la manovra degli olandesi: «Appare paradossale», dice Calderoli davanti alla platea amica, «che i risparmi della nostra gente, destinati a finanziare attraverso la rete di banche locali le nostre attività artigianali, commerciali, agricole e della media e piccola industria, prendano altre strade per sostenere grandi gruppi, quelli che ci fanno concorrenza e la finanza internazionale».

Il ministro prende fiato e conclude tra gli applausi dei presenti, non molti in verità: «la posta in palio è troppo grande e la prospettiva di una decisione a livello europeo, in possibile contrasto con il parere di Bankitalia, è inaccettabile. Scenderemo in piazza, andremo a Bruxelles come abbiamo fatto per le quote latte».

Le minacce del ministro-Masaniello – cui per fortuna non seguiranno i fatti – scivolano come olio sulla Commissione Ue per il mercato interno, che – negli stessi minuti in cui Calderoli parla a Lodi – fa sapere che esaminerà l'Opa di Abn Amro su Antonveneta con «procedura semplificata», quella che si applica a casi senza rilevanti problemi di concorrenza. Una decisione che spiana la strada di fatto all'approvazione dell'offerta. Bruxelles deciderà entro il 4 maggio se autorizzare l'operazione o avviare un'indagine approfondita.

Piú irto di difficoltà per Abn appare invece il via libera da parte di Bankitalia, non a causa della consistenza dell'Opa olandese, che sembra avere tutte le carte in regola, ma per l'atteggiamento ostile del Governatore Fazio. Gli olandesi si sono comunque posti il 31 maggio come limite per il ricevimento di tale assenso, scaduto il quale l'Opa non avrà piú efficacia. Nel frattempo, mentre in Borsa il titolo dell'istituto veneto si è portato a 25,11 euro (+ 0,35) a Padova non risulta essere stato ancora convocato il Cda che dovrà valutare l'offerta degli olandesi.

Il fronte schierato con la Popolare di Lodi comunque non demorde. Dopo l'incontro con il Governatore Fazio, Fiorani prosegue nel suo tentativo di allargare e irrobustire lo schieramento a suo favore. Il finanziere Emilio Gnutti, socio della Delta Erre e legato alla Lodi, torna a ribadire la sua contrarietà agli olandesi auspicando l'intervento di un progetto italiano: «Mi auguro che ci siano alternative italiane alle offerte straniere», spiega Gnutti in un'intervista aggiungendo che non aderire all'Opa fa parte della logica di mercato. Alla domanda su un possibile acquisto delle quote in mano a Benetton (4,85%) dopo la scadenza del patto di sindacato che lega i soci di Antonveneta (15 aprile), Gnutti risponde che «può accadere di tutto».

Il problema della Popolare di Lodi è molto semplice: con le proprie forze, e soprattutto in virtú dei propri appoggi in

Bankitalia e nel mondo politico, Fiorani e soci possono mettere pietre e bastoni sul sentiero degli olandesi. Essi tuttavia non hanno i mezzi economici per fronteggiare l'offerta di Abn Amro nell'unico modo possibile, vale a dire con una «contro Opa» piú forte di quella concorrente. Addirittura, gli uomini di Lodi devono stare attenti a non esagerare in manovre sotterranee di acquisto di azioni. In caso di superamento della soglia del 30%, infatti, in base alle normative vigenti, lo schieramento guidato da Fiorani sarebbe costretto a lanciare un'Opa obbligatoria su Antonveneta con un esborso finanziario notevole e che appare fuori portata.

Proprio per rimediare all'anomalia di un concorrente che non conta sulle proprie forze – che non ha – ma su appoggi nel Palazzo di Bankitalia, gli olandesi starebbero studiando l'ipotesi di inviare esposti alla Consob e alla magistratura per «portare la contesa nell'ambito della legalità».

L'uscita sul retro

Il 5 aprile è un'altra data importante nella «guerra delle due banche» tra Popolare di Lodi e Abn Amro: alle 9 del mattino inizia infatti in Via Nazionale il tradizionale incontro di primavera tra il Governatore della Banca d'Italia e i principali istituti di credito. I primi ad arrivare sono gli amministratori delegati di Unicredit Alessandro Profumo, di Banca Intesa Corrado Passera, di Capitalia Matteo Arpe. A seguire ecco varcare il portone di Palazzo Koch anche il presidente dell'Abi, Maurizio Sella, il direttore generale della Bnl, Mario Girotti, e altri banchieri. Arrivano anche Giampiero Fiorani e Pietro Montani, guida operativa di Antonveneta.

Quale sia l'argomento principale dell'incontro non è un mistero per nessuno: «L'occasione di oggi», scrive l'Ansa, «è attesa soprattutto per la possibilità di un ulteriore giro di contatti tra la Vigilanza italiana e i protagonisti del mondo creditizio, dopo quelli avuti nelle ultime settimane, per cercare di contrapporre cordate italiane all'espansione degli istituti stranieri. In quest'ottica saranno in prima fila le Popolari. A iniziare da quella di Lodi, guidata da Giampiero Fiorani, molto vicino al Governatore, impegnata in prima persona a ostacolare l'Abn nel controllo di Antonveneta e non completamente estranea alle manovre per cercare di contrastare gli spagnoli in Bnl».

Che l'argomento principale del tradizionale incontro sia il caso Antonveneta lo dimostra il seguito della giornata di lavoro: alle 14,30 infatti la riunione finisce e i banchieri invitati escono a piccoli gruppetti. Tutti tranne due, l'amministratore delegato di Antonveneta Pietro Montani e quello della Banca Popolare di Lodi, Giampiero Fiorani, che rimangono a colloquio col Governatore. Un incontro lungo, quasi tre ore, cui ad un certo punto si aggrega anche Bruno Bianchi, ex responsabile della Vigilanza di Bankitalia, rimasto nell'orbita del Governatore in qualità di consulente esterno.

Proprio quella mattina Fiorani ha comunicato alla Consob di aver incrementato la propria partecipazione all'azionariato di Antonveneta fino al 7,974%. Secondo le ricostruzioni dei giorni successivi, il gruppetto di amici studia la situazione e prepara le contromosse all'attacco olandese: il primo obiettivo è di portare al 15%, con la benedizione di Bankitalia, la quota azionaria in mano alla Popolare di Lodi; il secondo obiettivo è quello di dilazionare il piú possibile la riunione del consiglio di Antonveneta, che deve giudicare la congruità dell'Opa di Abn Amro. Fiorani e i suoi spererebbero infatti di riuscire a inserire piú nomi "amici" possibili nel Cda che verrà nominato dall'assemblea del 14 maggio, e far cosí giudicare da quel consiglio l'offerta degli olandesi.

Uno scenario definito «improbabile» da fonti padovane non riconducibili allo schieramento della Lodi. «Per quella data», spiegano, «il Cda, che comunque non è ancora stato convocato, dovrà avere espresso un giudizio, anche se gli advisor stanno prendendosi il tempo necessario per ben valutare l'offerta». In ogni caso, si sottolinea, anche un consiglio di amministrazione «vicino» a Fiorani e Fazio avrebbe difficoltà a giudicare «non congrua» l'offerta degli olandesi, che in realtà tutti gli osservatori neutrali giudicano ottima da ogni punto di vista.

La partita si conferma quindi molto difficile per Fiorani, nonostante la protezione della Banca Centrale. Ma lui alle imprese difficili è abituato: quando il banchiere di Lodi finalmente esce da Bankitalia, attraverso una uscita secondaria che diventerà famosa qualche settimana dopo, fuori è già sera: alle domande dei giornalisti in attesa Fiorani risponde con un infastidito «no comment». Di certo c'è che dall'amico Governatore Fiorani ha ricevuto l'assenso a salire fino al 15% dell'azionariato di Antonveneta.

Con i nuovi movimenti lo schieramento guidato da Fiorani si avvicina infatti a una quota di oltre il 30%, tale da costituire una cospicua maggioranza di blocco. Oltre a circa l'8% in portafoglio, suscettibile di ulteriori crescite fino appunto al 15%, Fiorani può contare sugli imprenditori veneti riuniti in Delta Erre (10,4%, anche se nei giorni precedenti alcuni di essi avevano manifestato qualche cedimento di fronte all'offerta in contanti degli olandesi), del 2% di Unipol, che potrebbe salire fino al 5%, e della quota in mano ai Benetton (poco meno del 5%).

«Quando è stata lanciata l'offerta eravamo convinti del successo dell'Opa degli olandesi», spiega un analista di una banca d'affari milanese, «dato il buon prezzo offerto, ma adesso le cose iniziano a complicarsi. Certo è difficile dire che Fiorani possa arrivare oltre il 50%». Da parte loro gli olandesi sono sempre piú allibiti dall'atteggiamento smaccatamente partigiano del Governatore Fazio, e tuttavia rimangano fermamente convinti della bontà della loro offerta, malgrado l'irrobustirsi del fronte opposto e l'atteggiamento di Bankitalia.

Entra in campo Ricucci

Ad agitare acque già abbastanza mosse arriva nel frattempo la conferma di una voce circolante da tempo: l'immobiliarista Stefano Ricucci, che in quei giorni occupa le pagine economiche dei giornali per la sua scalata al capitale di Rcs, proprietaria del *Corriere della Sera*, avrebbe anche acquistato cospicui pacchetti azionari di Antonveneta, fino a detenere una quota vicina al 5%. Nel riportare la notizia, molti giornali danno conto anche del rinnovato interesse della Consob sulle manovre di Fiorani e soci.

Intanto il 21 aprile, come prescrive la legge, Abn Amro pubblica a pagamento sui principali gornali italiani il prospetto dell'Opa su Antonveneta: confermato il prezzo di 25 euro per azione, la banca olandese certifica di essere arrivata a detenere il 18,115% del capitale della banca padovana: l'offerta di acquisto riguarda quindi il rimanente 81,885% del capitale. Resta solo da definire il periodo d'offerta. Per fissarlo, gli olandesi aspettano il via libera di Bankitalia, che dovrebbe arrivare il 31 aprile. Salvo sorprese, perché in verità i protetti del Governatore continuano a rastrellare azioni su azioni: quello stesso 21 aprile Popolare di Lodi comunica infatti alla Consob di essere arrivata al 27,05% del capitale di Antonveneta.

Il dispettoso nanetto lodigiano continua a scavare la sabbia sotto i piedi del colosso olandese. Pronto, se quello si arrabbia, a nascondersi dietro la giacca di nonno Fazio, il santo protettore dei banchieri italiani con pochi soldi e molta intraprendenza. La pubblicazione dell'offerta di Abn Amro e la contestuale comunicazione della Popolare di Lodi alla Consob evidenziano ancora una volta l'anomalia del caso Antonveneta, e provocano reazioni dai piú disparati punti di osservazione.

Per il il segretario generale della Fisac-Cgil, Domenico Moccia: «Intorno a Banca Antonveneta si sta consumando una lotta poco chiara e poco trasparente che peggiora, nello scenario europeo, l'immagine del nostro Paese». Il sindacato chiede di sapere «per quali motivi e con quali garanzie patrimoniali il Governatore Fazio ha consentito alla Bpl di arrivare quasi al 30% di azioni». Secondo il sindacato «la crescita di rango di Fiorani e l'espansione del gruppo hanno, in questi anni, prodotto ai lavoratori delle aziende coinvolte sacrifici durissimi, con drastiche riduzioni occupazionali, forte mobilità e sensibile diminuzione delle retribuzioni».

L'indomani sul risiko bancario italiano interviene il *Wall Street Journal* nella rubrica «Breaking Views»: secondo il quotidiano finanziario il Governatore della Banca d'Italia, «ha spinto i rivali di Abn, Banca Popolare di Lodi e soci, a salire fino al 33% nel capitale di Antonveneta, mentre non ha ancora autorizzato l'istituto olandese a comprare piú del 20%». Una mancata decisione che si risolve in una situazione di ingiusto svantaggio. Secondo il *WSJ* il Governatore italiano dev'essere richiamato ai suoi doveri dal commissario Ue Charlie McCreevey. D'altra parte il quotidiano americano ricorda che già una volta McCreevey aveva scritto a Fazio sullo stesso tema, purtroppo senza risultati.

Fazio non molla l'osso

In realtà Fazio non ha nessuna voglia di sanare l'anomalia, anzi. Nello stesso giorno in cui il *Wall Street Journal* bacchetta il Governatore, un altro prestigioso giornale anglosassone, il *Financial Times*, rivela che la strategia di Bankitalia prevede una nuova dilazione dei tempi di risposta agli olandesi: «Antonio Fazio inizialmente aveva 30 giorni per decidere sull'offerta lanciata il 30 marzo. Tuttavia la scadenza può essere prolungata con la richiesta di informazioni aggiuntive all'istituto o alla banca centrale olandese».

Secondo il quotidiano inglese la Banca d'Italia avrebbe consultato la Banca centrale olandese su non meglio precisate «questioni di sua competenza». «Il che vuol dire», spiega il giornale economico, «che Fazio ha richiesto informazioni aggiuntive in base alle quali valutare l'offerta».

Tutto questo ha un solo effetto, quello di far allungare i tempi della risposta, in modo da tenere ancora al palo gli olandesi mentre Fiorani e soci scorazzano e pascolano sui prati azionari di Antonveneta. A dimostrarlo, ci sono le notizie di giornata: quando mancano appena otto giorni alla prima convocazione della nuova assemblea di Antonveneta, la Banca Popolare di Lodi comunica alla Consob di aver ulteriormente aumentato la sua partecipazione fino al 28,048%. Ma non è finita: lo stesso giorno Emilio Gnutti, il campione della «razza padana», comunica che la sua Fingruppo Holding ha acquistato il 4,918% delle azioni Antonveneta, mentre Stefano Ricucci è salito fino al 4,990%. Secondo le indiscrezioni che circolano in Borsa, Fiorani vuole arrivare fino al 29,9%. Al di là di quella soglia, infatti, scatterebbe l'obbligo di Opa per la Popolare di Lodi, che in realtà non ha i mezzi finanziari per una simile impresa.

Insieme a Gnutti, Ricucci e alla Unipol di Consorte, i cosiddetti «italiani» riuniti sotto la bandiera di Bankitalia, controllano ormai circa il 40% di Antonveneta, il doppio degli olandesi, con evidenti ripercussioni sui rapporti di forza in vista dell'assemblea, fissata in prima convocazione il 30 aprile e in seconda il 14 maggio.

Una lettera da Bruxelles

La mattina del 27 aprile il Governatore Fazio riceve una lettera del Commissario europeo alla Concorrenza Neelie Kroes. Con i toni diplomatici del caso, il Commissario chiede di sapere i motivi della soglia di sbarramento al 20% nell'azionariato di Antonveneta imposta il 19 aprile agli olandesi di Abn Amro. Una evidente disparità di trattamento rispetto alla Popolare di Lodi, che già il 7 aprile aveva viceversa ottenuto il via libera per la quota del 30%. Si configura la possibile violazione delle regole antitrust europee, segnatamente dell'articolo 21 del regolamento sulle concentrazioni.

Visto che del vantaggio acquisito la Popolare di Lodi e i suoi alleati continuano ad avvalersi sul mercato, il Commissario Ue sollecita una risposta di Fazio in tempi strettissimi rispetto a quelli solitamente lenti della diplomazia, vale a dire entro e non oltre il 4 maggio.

La garbata e quasi dovuta lettera del Commissario, che agisce dopo la richiesta di intervento avanzata da Abn Amro, provoca una torrenziale risposta. Non di Bankitalia, però, ma di uno dei suoi piú strenui difensori, il senatore Luigi Grillo, presidente della commissione Lavori pubblici del Senato e grande amico della famiglia Fazio: «Ormai stanno diventando una specie di bollettino meteorologico. Non c'è giorno che non si debba registrare uno sproloquio dei Commissari europei alla concorrenza e al mercato interno sull'Ops Bbva o sull'Opa Abn Amro ovvero su entrambe. Sarebbe ora che finisse questa spasmodica, ma anche singolare, attenzione protettiva – mai fino a oggi registrata da parte di Commissioni europee per vicende riguardanti altri Paesi dell'Unione – nei confronti di due banche che hanno scelto il mercato e dal mercato stanno ora avendo le risposte: o forse come malignamente sostengono molti, il tavolo deve saltare quando gli sviluppi non piacciono piú perché non sono a proprio favore? L'interferenza nell'esercizio della vigilanza prudenziale – un compito che è nazionale senza alcun aggancio a livello di Unione Europea – è chiara, inconfutabile, reiterata. Sarebbe opportuno, ma anche doveroso», conclude lo scatenato senatore, «un intervento del vertice della Commissione europea per riportare nei giusti binari l'attivismo dei due Commissari. In questa prospettiva sarebbe auspicabile una iniziativa del vicepresidente della Commissione europea, on. Frattini».

Al senatore Grillo non passa per la mente che «la singolare attenzione» alle vicende italiane, come la chiama lui, sia dovuta al fatto che nel nostro paese il Governatore agisce in maniera definita anomala dagli osservatori dell'intero mondo finanziario e non da una specie di pregiudizio anti-italiano. E quindi chiede aiuto al vertice della Ue. Anzi, visto che secondo lui si tratta di una guerra tra Italia e resto d'Europa, chiede aiuto a un italiano, il vicepresidente Frattini. Il quale, ad onor del vero, nemmeno risponde allo sproloquio del collega di partito.

E Fazio scese dal pero

La risposta di Fazio alla Ue arriva nel pomeriggio, quando Grillo ha appena finito di invocare aiuto contro i barbari europei. È una risposta nei fatti, l'unica possibile, con il via libera finalmente concesso ad Abn Amro, che potrà salire fino al 30% dell'azionariato di Antonveneta. Il tenace Fazio subisce quindi la pressione Ue sul suo operato e fa una concessione apparentemente di grande portata. In realtà, sperano i suoi fedelissimi, il via libera ad Abn non dovrebbe cambiare comunque lo scenario complessivo. Sia perché i titoli acquistati a partire dal momento del via libera non possono essere fatti valere alla prossima e decisiva assemblea di Antonveneta, sia perché la tardiva autorizzazione non elimina quella che Abn sostiene essere stata una disparità di trattamento nei suoi confronti, avendo Bankitalia autorizzato la Bpl a salire al 30% fin dal 7 aprile.

Per questo motivo Abn ha scagliato contro Bankitalia una nuova offensiva, presentando un ricorso con procedura d'urgenza al Tar del Lazio e chiedendo ai giudici amministrativi di pronunciarsi prima dell'assemblea dei soci di Antonveneta fissata per il fine settimana.

Mentre gli olandesi attendono la giustizia italiana, i «fazisti» continuano lo shopping azionario, puntando a raggiungere il 50% delle quote della banca padovana: la Lodi è infatti salita al 29,112%, mentre le quote facenti capo a Gnutti raggiungono ormai il 7%. La Unipol invece (con il 3,766%) sembrerebbe intenzionata a rimanere a questa quota, almeno per il momento.

Abn Amro, invece, è ferma sotto il 19%, ed eventuali acquisti dell'ultima ora non potrebbero comunque influire sull'assemblea. Il che, alla vigilia della sfida decisiva, conduce allo sfogo il solitamente compassato presidente della banca olandese, Rijkman Groenink: «Il fatto che avremo meno azioni è attribuibile al fatto che non siamo stati trattati correttamente», spiega all'assemblea degli azionisti di Abn Amro riferendosi esplicitamente alla differenza di titoli «rispetto ai nostri concorrenti quando parteciperemo all'assemblea degli azionisti di dopodomani».

Il top manager conferma che la piccola vittoria del giorno prima ha il sapore della beffa: «Abbiamo ricevuto il via libera della Banca d'Italia a salire al 30% di Antonveneta adesso che non ci sono piú azioni sul mercato. E se anche ci fossero state, non ci sarebbe stato tempo per conteggiarle in maniera valida all'assemblea».

In effetti il rastrellamento di titoli da parte di Bpl e di Abn Amro, e dei soggetti loro vicini, in vista dell'assemblea dell'istituto, ha comportato il fatto che siano pochissime le azioni della banca padovana rimaste ancora in giro. Secondo Sergio Dalfrà, presidente del comitato piccoli azionisti, conteggiando i grossi pacchetti scambiati sul mercato in quei giorni e le quote già possedute da Lodi e Abn, si può ipotizzare che le azioni non ancora vendute riguardino percentuali molto piccole del capitale. Lo zenit delle vendite, ricorda Dalfrà, si è verificato tra il 18 e il 22 aprile, quando è passato di mano in Borsa ben il 34% del capitale sociale di Antonveneta.

Il 28 aprile, nel pomeriggio, arriva l'ordinanza del Tar del Lazio sul ricorso presentato dagli olandesi contro la decisione di Bankitalia che autorizzava Bpl a salire fino al 29,9% in Antonveneta. Dopo una camera di consiglio durata quasi due ore, il tribunale presieduto dal giudice Corrado Calabrò, (che sarà poi nominato da Berlusconi alla Presidenza dell'Autorità per le garanzie nelle comunicazioni) boccia gli olandesi con la motivazione che un esame accurato del caso «richiederebbe un'accurata istruttoria, come tale incompatibile con le esigenze di estrema celerità di questa fase cautelare d'urgenza». La Popolare di Lodi incassa cosí una nuova vittoria e si avvia a dominare l'assemblea di sabato. «Vinceremo», annuncia invece da parte sua il presidente di Abn Amro Rijkman Groenink davanti ai soci del suo gruppo.

La convinzione degli olandesi non sembra intaccata dalle voci che indicano Fiorani e gli altri soci italiani in possesso di piú del 50% del capitale. La Lodi ha il 29% sul quale aggregare il resto del fronte italiano, composto dal 7% di Gnutti, il 4,9% di Ricucci e partecipazioni di soci come Doris (tra lo 0,5 e l'1%) e altri veneti. Un massa di manovra alla quale Abn può opporre solo un 18,445% del capitale e partecipazioni di fondi internazionali ostili al progetto di Fiorani che vengono stimate attorno al 6-8%. In questo scenario Abn può solo sperare che le iniziative legali in Italia e il forte pressing delle istituzioni europee su Bankitalia, possano far mutare la situazione a proprio vantaggio.

Il sogno di Fiorani

Ormai quasi sicuro della vittoria, a due giorni dalla decisiva assemblea degli azionisti Fiorani rende noto il suo progetto attraverso il documento informativo depositato alla Borsa Italia: al termine di un complesso piano finanziario che comporterà per la Lodi un rafforzamento patrimoniale di 3 miliardi (oltre ai 2 miliardi di euro già sborsati per acquistare sul mercato il 29% di Antonveneta), il nuovo gruppo, per cui è stato scelto il nome, ovviamente, di «Popolare Italiana» si colloca sulla carta al quarto posto per capacità distributiva subito dietro i colossi Unicredit, Intesa e San Paolo e prima di Capitalia. Un gruppo il cui controllo sarà saldamente nelle mani della Lodi che, al vertice della catena di controllo, rimarrà una banca popolare dal voto capitario (ovvero ogni socio-un voto, indipendentemente dal numero di azioni possedute) e perciò al riparo da scalate ostili. Sotto di sé, secondo quanto emerge dal documento informativo, avrà una spa quotata, la Banca Antonveneta, che a seguito dell'Opa raccoglierà la dote della Reti Bancarie Holding fatta da numerose casse di risparmio e banche locali che continueranno a operare con i loro marchi. Sarà quindi compito di Antonveneta a guida Fiorani proporsi come un nuovo «polo aggregante» della realtà bancaria italiana.

Sulle similitudini fra la storia e la natura di Antonveneta e Lodi insiste il documento di Fiorani. Le due banche sono cresciute entrambe «attraverso integrazioni impegnative», possedendo una «matrice popolare, un radicamento storico nel Nord/Nord-est e forti relazioni con gli imprenditori sul territorio».

Parla l'assemblea

Alle 11 in punto di sabato 30 aprile, come previsto, prende il via l'assemblea dei soci di Antonveneta a Padova. Popolare di Lodi è presente con azioni pari al 29,112% del capitale sociale dell'istituto, mentre Abn ha il 18,115%. È quanto risulta dal libro soci, che registra le partecipazioni sopra la soglia del 2%. Stefano Ricucci è presente con il 4,99%, mentre Fingruppo (Emilio Gnutti) ha il 4,918%, Unipol il 3,766% e Allianz il 2,758%. In totale all'assemblea partecipa l'83,34% del capitale sociale.

Il primo a prendere la parola è Giampero Fiorani, il socio piú forte tra i presenti. Il suo è un discorso che vola alto, sull'onda della difesa del localismo e dell'italianità: «L'offerta che abbiamo lanciato ieri mattina [un'Ops in azioni e obbligazioni, contrapposta all'Opa in contanti a 25 euro di Abn Amro, *n.d.a.*] è la conseguenza di una presa d'atto: la scelta industriale di Abn azzerava, annichiliva quelle che erano le scelte fatte da Antonveneta in 130 anni di storia della banca padovana», sostiene Fiorani, «e noi abbiamo fatto il possibile e l'impossibile per impedirlo. Alla presunta apertura del mercato europeo», aggiunge il ragioniere di Lodi, «noi rispondiamo con la forza del localismo e con l'orgoglio del territorio, convinti della necessità di dover creare una realtà piú grande che concili gli interessi economici nostri con gli interessi del Paese. Loro», conclude Fiorani parlando degli olandesi, «offrono prezzo puro, noi anche i valori».

L'intervento dell'amministratore delegato della Banca Popolare di Lodi viene interrotto tre volte dagli applausi di una maggioranza formatasi a colpi di acquisizioni sotterranee, e la conclusione del suo discorso viene accolta con una ovazione da stadio. Applaudono Ricucci, Gnutti, Consorte, Doris e tutti gli altri «amici» che l'incessante lavorio del Governatore Fazio ha riunito sotto la tenda di Fiorani.

A smontare il bel discorso dell'uomo di Lodi, o meglio a capovolgerlo con un quarto delle parole usate dall'amministratore della Popolare di Lodi, ci pensa subito l'ex presidente degli industriali del Veneto Mario Carraro, piccolo azionista di Antonveneta, in sostanza prototipo di quel tessuto imprenditoriale locale di cui Fiorani si è autoeletto paladino. Carraro sa che il suo intervento è inutile, visto che i numeri sono a favore di Fiorani. Ma non rinuncia a mettere agli atti il suo pensiero, a futura memoria: «Oggi siamo a un bivio», spiega Carraro, «la Lodi o Abn. Secondo me Abn è piú vicina a Padova, perché è da anni che sta con noi e condivide le nostre scelte di crescita e sviluppo». Per Carraro, «in Italia siamo davanti ad un progetto di modernizzazione e dobbiamo operare una scelta. Abn Amro è senza dubbio la scelta migliore».

Interventi e votazioni portano via diverse ore: quando poco prima delle 17,30 si va alla conta, i quindici consiglieri della lista presentata dalla Popolare di Lodi vengono eletti con il 53,76% del capitale di Antonveneta. «Hanno vinto una battaglia ma non la guerra», commenta a caldo il responsabile dell'investment banking di Abn Amro Paolo Cuccia, che in assemblea ha responsabilmente votato a favore del bilancio per poi chiarire che Abn «si riserva di impugnare le decisioni prese in questa sede, poiché alcuni dei soci presenti a questa assemblea [il riferimento è agli «scalatori», accusati di aver costituito un patto parasociale occulto, *n.d.a.*] mancano della legittimità al voto».

Parole pesanti, che preannunciano nuove iniziative in campo legale, come il ricorso al Consiglio di Stato e altri procedimenti presso la magistratura. La banca olandese confida infatti nell'intervento della Consob: «lasciamoli lavorare», spiega Cuccia ai giornalisti in attesa fuori dall'assemblea, «e la verità sui metodi usati dai vincitori di oggi verrà fuori».

Pacato ma battagliero è anche il commento di Francesco Spinelli, rappresentante di Abn Amro in Antonveneta: «L'esito dell'assemblea di oggi era abbastanza scontato, visto che noi siamo partiti con l'handicap, però la battaglia è tutta da farsi sull'Opa».

Dall'esterno, arriva il commento dell'Adusbef, che come sempre ha seguito con attenzione gli sviluppi dell'assemblea e commenta così in un secco comunicato: «Quello che è accaduto oggi è la prova provata dell'azione di concerto della Banca Popolare di Lodi nel rastrellamento occulto di azioni Antonveneta sotto l'attenta regia del Governatore di Bankitalia. Ora la Consob ha l'obbligo di impugnare l'assemblea, decretarne l'annullamento e convocarne un'altra».

Tutto da rivedere, quindi, nuove carte bollate e avvocati dietro l'angolo. Intanto però questo è il giorno dei Fiorani, degli Gnutti, dei Ricucci, dei Consorte e dei Doris. Ed è soprattutto il giorno di Antonio Fazio, che ha seguito istante per istante l'assemblea dalla sua scrivania in Via Nazionale.

4. E venne il giorno del Faziogate

Il gruppo degli italiani ha quindi vinto la prima battaglia di Antonveneta, ma per vincere ha dovuto scoprire le sue carte, e confermare – nel modo in cui si è sviluppata l'assemblea – tutti i sospetti di chi ipotizzava un «concerto occulto» tra Fiorani e un gruppo di suoi sodali. Per questo la doccia fredda del 2 maggio non è del tutto inaspettata: è l'Ansa a dettare per prima la notizia: «La Procura di Milano ha aperto un'inchiesta a carico di ignoti sulla scalata di Antonveneta, nella quale è ipotizzato il reato di aggiotaggio e ostacolo all'attività di vigilanza della Consob. L'indagine è affidata al pm Eugenio Fusco ed è nata dalla denuncia di coloro che sono stati definiti dagli inquirenti "soggetti interessati"».

Intorno alle 18 la Guardia di Finanza si presenta a Lodi, negli uffici centrali della Popolare, per sequestrare documenti utili all'indagine. Nel corso di quella stessa convulsa giornata, da ambienti vicini alla Consob trapela che l'istituto di controllo della Borsa starebbe avviando una serie di audizioni nell'ambito dell'indagine per accertare l'eventuale esistenza di un concerto tra la Popolare di Lodi e altri soggetti per il controllo dell'Antonveneta.

L'indiscrezione, che non trova conferma da parte della Commissione di vigilanza né dai diretti interessati, coinvolgerebbe alcuni protagonisti finanziari indicati come piú vicini all'istituto lodigiano: Stefano Ricucci, Emilio Gnutti e Unipol. L'indagine, secondo le stesse fonti, potrebbe concludersi tra giovedí e venerdí per permettere alla Commissione di esprimersi sulla questione.

Non è invece ancora arrivato all'Autorità di vigilanza sulla Borsa il prospetto per l'Ops della stessa Popolare di Lodi. Su questo fronte la Consob deve verificare che il valore di 26 euro dichiarato dalla banca lombarda sia migliorativo rispetto ai 25 euro dell'Opa olandese. C'è infatti il dubbio fondato fra gli analisti che l'offerta della Lodi valga in realtà non piú di 23 euro.

Gli accusatori

Chi sono i «soggetti interessati» che hanno presentato alla Procura di Milano gli esposti che hanno dato il via all'indagine sulle manovre della Popolare di Lodi? Il primo è sicuramente l'Abn Amro: «Alla procura di Milano», spiega l'avvocato Mario Zacchetti, legale del gruppo olandese, «abbiamo fornito elementi fondati su cui i magistrati stanno indagando». L'esposto fa parte della strategia di «difesa attiva» messa a punto e coordinata dal professor Guido Rossi, capo del collegio di difesa degli olandesi.

Il secondo grande accusatore di Fazio e Fiorani è l'Adusbef, che di esposti ne ha presentati ben quattro, datati 6, 7, 15 e 26 aprile, diretti alle Procure di Roma e Milano e tutte contenenti le ipotesi di aggiotaggio, turbativa dei mercati e insider trading. L'associazione dei consumatori focalizza la sua indignazione soprattutto sul ruolo del Governatore della Banca d'Italia, Antonio Fazio, accusato di «aver capeggiato una cordata clandestina basata sui criteri dell'amicalità invece che su quelli piú rigorosi del mercato, unico strumento garante del benessere dei consumatori e delle imprese».

Al di là delle ipotesi di reato, l'Adusbef ritiene che, per aver trascinato nel fango il prestigio dell'Italia e la reputazione dell'istituzione che rappresenta, Fazio debba dimettersi. Una richiesta cui, di lí a pochi mesi, si accoderanno in moltissimi.

Intanto dalla Procura di Milano filtrano le prime indiscrezioni: dall'acquisizione di atti nella sede della Banca Popolare di Lodi compiuta dai militari della Guardia di Finanza è emersa l'esistenza di 18 conti, intestati ad altrettante persone fisiche, che dal novembre 2004 al 29 aprile, giorno precedente all'assemblea dei soci Antonveneta, avrebbero movimentato 500 milioni di euro per la compravendita di titoli della stessa Antonveneta. I conti non sarebbero intestati a persone venute alla ribalta nell'operazione di acquisizione dell'istituto di credito. I 500 milioni al vaglio degli inquirenti potrebbero rappresentare comunque una larga fetta delle compravendite di titoli Antonveneta compiuti nelle ultime settimane.

Una lettera al giornale

Il 4 maggio, mentre sul caso Antonveneta tira il vento gelido dell'inchiesta milanese, il Governatore Fazio rompe il suo lungo silenzio. Lo fa in maniera obliqua, con una lettera firmata non da lui personalmente, ma da Angelo De Mattia, responsabile della segreteria particolare del Governatore della Banca d'Italia. Destinatario è il quotidiano finanziario *Financial Times*, che due giorni prima aveva accusato in un lungo articolo il Governatore di usare due pesi e due misure tra Lodi e olandesi e di danneggiare con le sue manovre l'immagine dell'Italia e del suo sistema creditizio: «Non è vero che in Italia le banche straniere sono trattate diversamente da quelle italiane», scrive De Mattia, «il controllo viene esercitato in entrambi i casi [banche italiane o straniere, *nda*] in modo completamente indifferenziato, in linea con le legislazioni italiana ed europea».

«Nel caso di Antonveneta», ricorda il dirigente di Palazzo Koch, «il Tar del Lazio, al quale Abn Amro si era rivolta, ha recentemente stabilito in una sentenza preliminare che non è esistita disparità nel trattamento o nelle decisioni della Banca d'Italia» (in realtà il Tar aveva spiegato di non poter emettere una sentenza in tempi brevi, vista l'urgenza invocata da Abn Amro). A giudizio di De Mattia, «è importante rilevare che ci sono diversi modi per rispondere alle offerte di acquisizione». Ci sono, scrive, «diverse opzioni sul tappeto in conformità con le leggi italiana ed europea» e «sarebbe sbagliato considerarle fuori dalle leggi di mercato».

Nel caso di Antonveneta – spiega ancora De Mattia – l'esito dell'assemblea «significa che, almeno per il momento, la maggioranza degli azionisti non concordano con l'offerta dell'Abn Amro». Inoltre, «la Popolare di Lodi era stata autorizzata ad aumentare la sua quota al 30% solo dopo che analisi e valutazioni prudenziali hanno confermato che non c'erano rischi per la solidità dei suoi capitali».

Per concludere, De Mattia afferma che «i burocrati che sognano un mercato pan-europeo nei servizi finanziari», e ai quali l'articolo suggerisce di vedere ai recenti eventi italiani, «dovrebbero guardare veramente da vicino all'Italia, dove le cose sono fatte in accordo con la legge e con le regole della concorrenza: ma dovrebbero anche guardare altrove, ai Paesi dove, anche di recente, non c'è stata mancanza di barriere o ostacoli e dove non c'è una presenza straniera nella proprietà di banche nazionali come in Italia».

Povera Italia

Una difesa accorata, certamente ispirata dal Governatore in persona. Una difesa che non convince, anzi, sembra scandalizzare ulteriormente gli osservatori stranieri, se è vero che l'indomani il *Wall Street Journal* definisce addirittura ridicolo il tentativo della Popolare di Lodi di acquisire Antonveneta: secondo l'edizione europea del quotidiano statunitense, «vi sono dubbi significativi sul reale valore di ciò che offre la Popolare. In un altro Paese», scrive il giornale statunitense, «chi fa un'offerta di questo tipo viene ridicolizzato. Ma questa è l'Italia, e le minoranze in Italia vengono maltrattate frequentemente», conclude il *WSJ* definendo «nettamente migliore» l'offerta fatta da Abn Amro.

Il 4 maggio è anche il giorno entro cui Fazio è tenuto a rispondere alle osservazioni avanzate una settimana prima dalla Commissione Ue alla concorrenza sul ritardo nell'autorizzazione ad Abn Amro a salire oltre il 20% del capitale di Antonveneta. E Fazio puntuale risponde, o meglio fa rispondere, il capo della segreteria particolare del Governatore, Marco Evangelisti, e il direttore centrale Angelo De Mattia. La linea difensiva è identica a quella già prospettata nella lettera al *Financial Times*: Bankitalia respinge qualsiasi ipotesi di violazione delle normative comunitarie in materia di fusioni transnazionali nel settore bancario. Via Nazionale, si legge infatti nella missiva, afferma che «ha fatto tutto il possibile per garantire la trasparenza e l'accessibilità a tutti gli attori interessati». Non solo, ma le «informazioni richieste riguardano profili di vigilanza prudenziale basati sulla disciplina Ue del 2004 e coperti dal segreto d'ufficio». Informazioni, quindi, fornite «nel rispetto del principio della collaborazione».

La lettera di una pagina, scritta su entrambe le facciate e contenente sei paragrafi, consegnata a mano, è accompagnata da una ventina di documenti allegati (incluse le lettere inviate ad Abn Amro e Banca Popolare di Lodi con le varie autorizzazioni a salire nel capitale della banca contesa).

L'inchiesta si allarga

Da Milano trapela intanto una indiscrezione: l'inchiesta della Procura potrebbe allargarsi all'ipotesi di insider trading, vale a dire l'utilizzo in Borsa di informazioni privilegiate: dalla fine di novembre 2004 le azioni della banca padovana sono passate dai 16 euro fino a un massimo di 27,7 euro, raggiunto il 22 aprile, nel pieno della battaglia e del rastrellamento dei titoli Antonveneta. Secondo alcune ricostruzioni, dopo il lancio dell'Opa Abn, l'acquisto dei titoli potrebbe essere stato eseguito per tenere le quotazioni della banca padovana al di sopra della soglia dei 25 euro offerti dagli olandesi. Eventuali acquisti al di sopra di tale limite avrebbero infatti costretto la banca di Amsterdam a ritoccare verso l'alto il prezzo della propria offerta.

Al centro dell'inchiesta permane quindi la serie di operazioni sul mercato azionario, per un totale di 500 milioni di euro, compiute dall'inizio della battaglia per Antonveneta, nel novembre 2004, a venerdí 29 aprile del 2005. Secondo quanto è emerso, i titolari dei 18 conti che avrebbero movimentato le azioni sarebbero riconducibili ad ambienti in buona parte bresciani. Stando ai primi accertamenti, i titoli sarebbero stati acquistati dai magnifici 18 con affidamenti provenienti dalla stessa Popolare di Lodi. Tra loro ci sarebbero ad esempio i fratelli Ettore, Tiberio e Fausto Lonati, industriali bresciani del settore siderurgico e meccanico, vicini, come altri del gruppetto, al finanziere bresciano Emilio Gnutti.

In passato lo stesso Gnutti e uno dei fratelli, Ettore, erano stati condannati in primo grado a Brescia proprio per insider trading, mentre Tiberio e Fausto Lonati erano stati assolti. Il processo riguardava il presunto utilizzo di informazioni riservate per l'acquisto di 320 mila azioni della Cmi (Cantieri metallurgici italiani) da cui si sarebbe ricavata una plusvalenza di 600 milioni.

Alla fine Fazio disse «sí»

Il 6 maggio, finalmente, Banca d'Italia dà il «via libera» all'Opa di Abn Amro su Antonveneta. Pressato dalla Ue, criticato dai nove decimi della stampa nazionale e internazionale, preoccupato dal lavoro della magistratura, Fazio compie finalmente il suo dovere.

Gli olandesi ottengono il sospirato sí da Via Nazionale, ma nel frattempo, grazie ai ritardi di Fazio, il controllo della banca padovana è finita nelle mani della Popolare di Lodi, che si appresta a varare una contro-offerta che prevede lo scambio in azioni e obbligazioni delle società del gruppo, quotate a 26 euro contro i 25 in contanti di Abn.

Messi in un angolo gli olandesi, adesso Fiorani deve guardarsi dai magistrati di Milano e dalla Consob: se venisse accertato un «concerto» sottobanco fra Popolare di Lodi e altri soci come Unipol, Emilio Gnutti e Stefano Ricucci, Fiorani potrebbe essere costretto dai regolamenti a lanciare un'Opa in contanti senza però possedere i mezzi finanziari per sostenerla.

A metà maggio, quindi, il destino di Antonveneta è nelle mani della Consob. Nel mirino c'è soprattutto il ruolo svolto da Emilio Gnutti, Unipol, i fratelli Lonati e Stefano Ricucci, che hanno rilevato quote importanti di Antonveneta di pari passo con la crescita della Lodi (mentre Abn non poteva fare altrettanto perché in attesa delle autorizzazioni di Bankitalia), e hanno poi esercitato, secondo la tesi di Abn, un'azione congiunta anche in assemblea, dove la lista della Lodi ha raccolto il 44% del capitale.

Tempi duri per Bankitalia

Il 10 maggio è una brutta giornata per il Governatore Fazio: si apre con la lettura dei giornali che ospitano un durissimo attacco di Diego della Valle, uno dei maggiori imprenditori italiani: «Le vicende legate alle offerte d'acquisto di banche straniere su Bnl e Antonveneta sono state gestite dal Governatore in modo incredibile», ha detto l'uomo dei marchi Tod's, Hogan e Fay, nonché azionista della Bnl con circa il 5%.

Si chiude, la stessa giornata, con una notizia ben peggiore: la Consob, prima di rendere di pubblico dominio la notizia, gli fa sapere informalmente di aver accertato azioni di concerto fra Popolare di Lodi e altri soci Antonveneta, imponendo cosí a Fiorani l'Opa totalitaria. «La Consob», si legge nel comunicato diffuso l'indomani mattina, al termine di una maratona notturna, «ha accertato, con apposita delibera, l'esistenza di un patto parasociale non dichiarato, rilevante ai sensi dell'art. 122 del Testo unico della finanza. Dagli accertamenti effettuati», prosegue la nota, «è risultato che il patto è stato stipulato dai seguenti soggetti: Banca Popolare di Lodi, Emilio Gnutti, GP Finanziaria, Fingruppo, Tiberio, Ettore e Fausto Lonati, Danilo Coppola tramite la Pacop spa (successivamente ridenominata Finpaco Project spa) e la Tikal Plaza spa. I soggetti suddetti, avendo complessivamente superato la soglia del 30% del capitale di Antonveneta», dispone la Consob, «sono solidalmente tenuti, ai sensi dell'art. 106 del Tuf, all'obbligo di lanciare un'offerta pubblica di acquisto totalitaria su Antonveneta» a circa 23 euro per azione, e comunque sotto i 25 euro offerti da Abn Amro. Una notizia bomba, che rischia di mandare all'aria non solo i piani di Fiorani, ma lo stesso banchiere, visto che il suo gruppo non ha la consistenza patrimoniale necessaria per la scalata all'Antonveneta.

Secondo gli osservatori, alla Lodi non resta che piegarsi agli olandesi e trovare cosí una via d'uscita onorevole. L'intera comunità finanziaria esclude, visto le dimensioni della Popolare di Lodi, che l'istituto lodigiano possa accollarsi le spese di un'offerta in contanti.

Silenzio, parla il Governatore

Antonio Fazio non ama il contraddittorio e il confronto delle idee. Per questo, non potendo piú rinviare un'uscita pubblica, in risposta allo smottamento di credibilità personale e dell'istituzione da lui rappresentata, sceglie per farlo una situazione protetta: si tratta dalla riunione a Palazzo Koch per la lettura delle tredicesime considerazioni finali del Governatore, tradizionale appuntamento pre-estivo in cui, davanti a un parterre di vip dell'economia, l'uomo di Via Nazionale presenterà la sua ricetta per conti pubblici, sistema industriale e finanziario italiano.

Come ogni appuntamento solenne, anche quello di martedí 31 maggio ha i suoi riti: le cartelle rilegate con il consueto cartoncino carta da zucchero sulla sedia di ogni ospite, il tradizionale incipit: «Signori partecipanti, autorità, signore e signori...», poi il lungo discorso, solitamente cosí solenne da essere meglio noto come «la messa cantata».

Da quel pulpito nel 2001 Fazio aveva annunciato l'avvento di un nuovo miracolo economico, trovandosi in perfetta sintonia col neopremier Berlusconi. La previsione si era però rivelata infondata, e nel 2003 lo stesso Governatore aveva fatto marcia indietro, indicando il rischio di un declino del paese e la perdità di competitività dell'Italia. Questa volta, però, la solennità del rito viene interrotta dai soliti guastafeste: Gigi Leone della Falbi e Massimo Dary del Sibc (capi dei sindacati autonomi della banca centrale), vengono allontanati dalla polizia mentre distribuiscono volantini critici sulla gestione «fazista» della Banca d'Italia. Uno spiegamento di polizia e carabinieri in assetto di guerra, spintona bruscamente, come fossero delinquenti abituali, anche i rappresentanti dell'Intesa consumatori, regolarmente autorizzati a manifestare dalla Questura, che da 5 anni rinnovano l'appuntamento di protesta muniti di barattoli Cirio, bandiere e cartelli al collo che dicono: «Parmalat. Totalmente scremati».

All'interno, nella sala ovattata, i clamori della strada non giungono. Quest'anno tutti si aspettano un appello a imboccare la strada delle riforme strutturali per il sistema Paese, ma la gran parte dei banchieri e dei finanzieri presenti si aspetta soprattutto qualche indicazione precisa sui tempi caldi della stagione, vale a dire le due Opa in corso per il controllo di Bnl e Antonveneta.

Tra gli invitati ci sono molti di quelli che, a partire da Luca Cordero di Montezemolo, hanno duramente criticato Fazio per la sua difesa a tutti i costi del mercato bancario italiano. Si aspetta quindi di vedere se, dopo gli interventi della Consob e soprattutto della Procura milanese, il banchiere numero uno d'Italia farà marcia indietro o terrà le sue posizioni.

Si dice che il Governatore abbia limato il suo scritto fino all'ultimo momento utile, e che la versione finale sia stata data alle stampe solo all'alba. Nel testo che operatori e giornalisti ricevono intorno alle dieci del mattino, Fazio non entra mai direttamente nel merito della vicenda e tuttavia, senza mai nominare Antonveneta e Abn Amro, manda messaggi a quanti, a Bruxelles o in Italia, lo hanno accusato di discriminare gli operatori esteri in difesa dell'italianità delle banche: «I criteri e le procedure su cui si basano le valutazioni di vigilanza», afferma il numero uno di Via Nazionale nel capitolo delle sue considerazioni finali dedicato espressamente alle banche, «tengono conto delle modalità proposte per le acquisizioni». Questi principi «sono neutrali rispetto alla nazionalità degli intermediari interessati».

Il Governatore ribadisce che la Banca centrale italiana agisce secondo le regole, nel rispetto della normativa nazionale ed europea. I tempi per il rilascio dell'autorizzazione a chi chiede di crescere nelle banche «variano anche in funzione della rilevanza della partecipazione da acquisire e della disponibilità delle informazioni sulla situazione patrimoniale e finanziaria del richiedente». La procedura seguita è ortodossa e apprezzata dalle altre autorità competenti, mette in evidenza Fazio: «l'indipendenza nell'esercizio della funzione di vigilanza e la trasparenza con cui la Banca d'Italia rende pubblici principi e criteri dell'attività di controllo trovano il costante riconoscimento delle istituzioni internazionali. Le informazioni relative alla vigilanza», puntualizza, «sono tutelate dal segreto d'ufficio. Deroghe sono possibili in casi tassativamente stabiliti».

L'ultima parte della difesa è affidata alle cifre. Fazio riepiloga i risultati positivi conseguiti dal sistema bancario nell'ultimo decennio: «la riorganizzazione si è realizzata unitamente a un deciso aumento della concorrenza», dice, «che ha portato all'azzeramento del capitale pubblico nelle aziende di credito (dal 70 al 9 per cento in 13 anni)» e «tutte le decisioni sono state assunte tenendo conto dei pareri dell'Antitrust».

Nel procedere al collocamento delle banche, inoltre, «è stato garantito il rispetto della separatezza tra banca e industria», mentre «il contributo fornito da intermediari esteri alla formazione degli assetti proprietari di controllo è stato ampio e si è rafforzato nel corso del tempo». Tanto che l'apertura agli stranieri è diffusa nei principali gruppi bancari tricolori.

Ad ascoltare con attenzione e compunzione il Governatore nel «salone dei partecipanti» di Palazzo Koch ci sono tutti i banchieri e gli imprenditori italiani che da mesi si danno battaglia per il controllo della Bnl, di Antonveneta e della Rcs: vecchi rappresentanti del capitalismo italiano e «nuovi ricchi», immobiliaristi di antica e nuova data. Ci sono Consorte, Fiorani e Gnutti, ma il piú fotografato e ricercato dai giornalisti è Stefano Ricucci, che riempie la pagine economiche dei giornali per la sua scalata alla Rcs e per la partecipazione agli affaire Antonveneta e Bnl, ma anche quelle della «rosa» per il suo fidanzamento e futuro matrimonio con l'attrice Anna Falchi.

La guerra ricomincia

Quella di Fazio è una difesa d'ufficio, che non fa presagire nessuna marcia indietro nell'atteggiamento di Bankitalia. Tra i due schieramenti – gli amici di Lodi e gli olandesi – permane quindi lo stato di guerra: Fiorani e i suoi alleati (che hanno sottoscritto un patto di sindacato che raggruppa il 41% del capitale e che, considerate anche quote sicuramente «non ostili» supera il 51%) possiedono una massa di manovra che è in grado di bloccare l'Opa Abn. Dal canto loro gli olandesi (ora ufficialmente intorno al 20%) potrebbero raggiungere la soglia di un terzo del capitale e bloccare cosí ogni operazione straordinaria come ad esempio la progettata (da Fiorani) fusione Lodi-Antonveneta.

A complicare il quadro c'è il provvedimento del Tribunale di Padova, che ha sospeso il Consiglio di Amministrazione indicato dalla Popolare di Lodi e votato a grande maggioranza nel corso dell'ultima assemblea dei soci del 30 aprile. Un provvedimento richiesto dai legali di Abn Amro dopo la delibera Consob che ha accertato l'esistenza di un «concerto» tra Fiorani e altri soci della Banca.

Su quello che accadrà c'è grande incertezza: Fiorani punta a un intervento di Bankitalia, che potrebbe nominare un commissario per convocare l'assemblea e nominare un nuovo consiglio, che sarebbe nuovamente indicato dal fronte Popolare di Lodi. In tal caso però Abn riporterebbe in campo gli avvocati, per «congelare» le partecipazioni della Lodi e impedire a Fiorani di nuocere al progetto Opa.

C'è un giudice a Roma...

In attesa che gli avvocati studino le carte, il caso Antonveneta registra qualche giorno di quiete. Ma è una quiete solo apparente, perché in realtà una nuova clamorosa notizia sta per smuovere le acque: anche la Procura di Roma, dopo quella di Milano, ha aperto fascicoli contro ignoti sulle due vicende che hanno animato il risiko bancario.

Il procuratore aggiunto Achille Toro e il sostituto Perla Lori stanno verificando l'ipotesi di reato di abuso d'ufficio e ostacolo all'attività degli organi di vigilanza per il caso Antonveneta, e quella di aggiotaggio e manipolazione di mercato (norma, quest'ultima, prevista dalla legge 18 aprile 2005 n. 62 in materia di intermediazione finanziaria) per la vicenda Bnl.

Gli accertamenti sulla Bnl hanno preso spunto da un esposto del Banco di Bilbao (Bbva) nel quale si denunciano manovre poco trasparenti per impedire l'offerta pubblica di scambio (Ops) dell'istituto di credito spagnolo, manovre che avrebbero anche determinato un anomalo andamento in borsa del titolo. L'inchiesta su Antonveneta è invece partita dopo una denuncia dell'Adusbef.

Il 9 giugno, proprio sulla vicenda Antonveneta, nell'ufficio del procuratore aggiunto Toro, vengono sentiti come testimoni Francesco Frasca, direttore centrale per l'area Vigilanza creditizia e finanziaria dell'istituto di emissione, e altri due manager, tra cui Claudio Clemente, addetti alla Vigilanza. Stando alle indiscrezioni, le audizioni si sono incentrate soprattutto sulle verifiche compiute sul capitale della Banca Popolare di Lodi prima che raggiungesse quasi la soglia del 30% di Antonveneta. Massimo riserbo in procura sulle risposte date dai responsabili della Vigilanza di Bankitalia.

Ennesimo regalo per Fiorani

Mentre a Roma vengono sentiti i vertici della Vigilanza – dopo Frasca e Clemente toccherà a Giovanni Castaldi, funzionario dell'area di Sorveglianza e servizio autorizzazioni di Via Nazionale – un gruppo di ispettori sbarca a Padova, «per le necessarie verifiche sulla operatività» della Banca Antonveneta, come recita un comunicato. Un intervento accolto con grande favore dagli uomini della Popolare di Lodi, i quali si aspettano che Bankitalia nomini un commissario *ad acta* per convocare l'assemblea e rieleggere il consiglio. Una ipotesi alternativa a quella avanzata da Abn Amro, che, forte del provvedimento di un giudice, punta invece a una *prorogatio* del vecchio Cda.

Ancora una volta le mosse di Bankitalia sembrano coincidere con i desiderata di Giampiero Fiorani, che però intorno a mezzogiorno di quello stesso 10 giugno viene raggiunto da due notizie non buone: la prima è che il Nucleo di Polizia Valutaria della Guardia di Finanza si trova nella sede della Banca d'Italia, e sta controllando e fotocopiando diverso materiale riguardante la Banca Popolare di Lodi e l'Antonveneta. La seconda è che Abn Amro ha rilanciato l'Opa su Antonveneta, portandola da 25 a 26,5 euro per azione. Gli olandesi quindi non mollano la presa.

Il tenero Ricucci

L'11 giugno finalmente una buona notizia nel mare grigio di giudici, avvocati e carte bollate: con una cerimonia ristretta l'immobiliarista e finanziere romano Stefano Ricucci e l'attrice Anna Falchi firmano in Campidoglio, a Roma, la promessa di matrimonio. Fidanzati ormai da quattro anni, Ricucci, 42 anni, e la Falchi, 32, annunciano una cerimonia di nozze «privatissima» con solo una trentina di persone tra parenti e amici intimi. Uno dei testimoni sarà il presidente della Confcommercio Sergio Billè. La coppia vivrà a Roma ma si dividerà anche tra Milano, dove ha un pied-à-terre, e Porto Santo Stefano, nella villa al mare dell'imprenditore.

Proprio a Porto Santo Stefano, scelto dalla Margherita di Francesco Rutelli (uno tra i politici piú critici del Governatore) per celebrare la festa del partito in settembre, il sindaco della Margherita si adopera in lodi sperticate dell'ex odontotecnico chiamando tutto il Paese a festeggiare l'avvenimento.

La parentesi rosa di Ricucci dura poco, non piú di un paio d'ore: all'ora di pranzo un collaboratore gli guasta la festicciola privata portandogli alcuni take di agenzia. Vi sono riassunte le pesanti dichiarazioni di Carlo De Benedetti, proprietario di *Repubblica* e influente protagonista del mondo degli affari: «C'è un giocatore improprio nel mercato, un giocatore che influenza il libero svolgimento del mercato, ed è la Banca d'Italia», ha esordito De Benedetti, parlando con i giornalisti della vicenda Antonveneta a margine di un convegno a Venezia. L'ingegnere ha anche aggiunto che la Banca d'Italia è «un interferente nel gioco del mercato». «Dovrebbe vincere il mercato», ha precisato De Benedetti rispondendo alle domande dei giornalisti. «Non conosco direttamente su questa materia il pensiero di Fazio, ma ritengo che ci sia la preoccupazione di perdere il potere sul sistema, perché non c'è un'altra spiegazione logica».

Per De Benedetti quella di Fazio è «una difesa miope, una difesa di un potere del singolo e non del sistema». L'imprenditore ha commentato anche l'acquisto della tedesca Hypovereinsbank da parte di Unicredit: «Queste sono le cose che mi sembra servano per difendere un sistema, difendere attaccando».

Fiorani sfoglia la margherita

Le parole di De Benedetti danno fastidio, anche perché cadono in un giorno delicato per Fiorani e i suoi amici. Si tratta di decidere se continuare la guerra al colosso olandese Abn Amro, contando sull'appoggio di un Governatore messo in difficoltà dalle iniziative della Consob e della magistratura, o viceversa accettare l'offerta degli stessi olandesi, che hanno rilanciato il prezzo dell'Opa passando da 25 a 26,50 euro ad azione in contanti.

Al di là del gesto di Abn Amro che può sembrare una rinnovata dichiarazione di guerra – fa notare infatti una fonte in buoni rapporti con entrambi i fronti – le cose potrebbero essere diverse da come sembrano. La prima apertura viene da Ricucci: appena smesso l'abito da cerimonia il promesso sposo fa sapere che l'offerta di Abn Amro è indubbiamente di valore. A ruota anche ambienti della Popolare di Lodi spiegano di guardare con interesse alla mossa, peraltro attesa, degli avversari olandesi: «Ora o si rilancia anche noi la nostra Opa o si porta a casa una grossa plusvalenza».

«Per ora non credo che cambi niente», dice da Brescia Tiberio Lonati, componente insieme ai fratelli Fausto ed Ettore del patto di sindacato che riunisce anche la Popolare di Lodi, Emilio Gnutti e Danilo Coppola. «Certo, però, ora ci sentiremo con gli altri, penso lunedí, e valuteremo.» Giudizi sulla nuova offerta? «È prematuro», dice, «comunque la valuteremo». Insomma, segnali concilianti. A decidere, però, dovrà essere il grande capo Fiorani. C'è chi dice che l'uomo di Lodi sia allettato dall'offerta, ma non sappia come confessare al suo sponsor, il Governatore Fazio, che pensa di abbandonare la partita e cedere il campo agli olandesi, magari per investire in nuove mirabolanti imprese i denari guadagnati dalla vendita delle proprie azioni agli olandesi.

Tiro incrociato

Mentre Fiorani sceglie se schierare le sue truppe o inscenare una dignitosa ritirata, nuove bocche da fuoco aprono il tiro su Via Nazionale: il 24 giugno il Tar del Lazio, in seguito a uno dei tanti esposti di Abn Amro, rende noto di aver chiesto alla Banca d'Italia di fornire entro sabato 2 luglio le prove della solidità finanziaria della Popolare di Lodi, in relazione al via libera sulla scalata Antonveneta: «Si tratta di un provvedimento istruttorio, Bankitalia dovrà depositare i documenti entro il 2 luglio, il 13 si deciderà nel merito», spiega l'avvocato Ferdinando Emanuele, uno dei legali di Abn Amro.

La risposta a questa nuova iniziativa è affidata a una fonte vicina alla Popolare di Lodi: «È un provvedimento che a noi non dà fastidio, riteniamo che le autorizzazioni siano state date regolarmente». Quello stesso giorno il caso Antonveneta è al centro di un vertice a Piazzale Clodio, nella capitale, tra il procuratore aggiunto di Milano, Francesco Greco, e il suo parigrado romano, Achille Toro. L'incontro inizia alle 10 e dura poco piú di un'ora. I due magistrati, si verrà a sapere, concordano uno scambio di informazioni e documenti sulla vicenda Antonveneta, sui cui continueranno a procedere parallelamente senza pestarsi i piedi. A Milano si indaga infatti per aggiotaggio e insider trading, mentre Roma è competente per il reato di ostacolo all'autorità di vigilanza.

Il capro espiatorio

Nei giorni successivi, dalla Procura di Roma iniziano a trapelare voci su una possibile iscrizione nel registro degli indagati di Francesco Frasca, il capo della vigilanza dell'Istituto centrale. Voci che provocano una dura presa di posizione di Adusbef contro Antonio Fazio: «In una paese normale», si legge in una nota dell'associazione datata 5 luglio, «un Governatore cosí pesantemente coinvolto in uno dei piú gravi scandali istituzionali del dopoguerra, oltre a finire sotto processo, dovrebbe essere immediatamente allontanato dalle sue funzioni».

Secondo l'Adusbef, Frasca sarebbe solo un capro espiatorio: «il regista della scandalosa operazione di annessione dell'Antonveneta da parte del ragionier Fiorani», secondo l'Adusbef, «si chiama Antonio Fazio... un Governatore che va a braccetto con personaggi indagati per reati finanziari, con i quali disegna i nuovi assetti bancari, che concede le autorizzazioni ad effettuare scalate a banche prive dei requisiti patrimoniali, che difende con la presunta italianità delle banche, sistemi bancari feudali, onerosi e vessatori per i consumatori e le imprese».

Il secco giudizio dell'Adusbef riecheggia due giorni dopo in un editoriale del quotidiano britannico *Financial Times*, secondo cui è sempre piú improbabile che Abn Amro possa avere successo nella sua scalata ad Antonveneta, proprio a causa dell'«agguato teso da Bankitalia». A dire il vero, continua il quotidiano nella rubrica «Lex column», in tutta la faccenda «Abn mantiene una posizione di superiorità morale». La Banca d'Italia, infatti, «le ha teso un'imboscata, piegando le regole per rivestire la Banca popolare di Lodi del ruolo di cavaliere bianco di Antonveneta». Un comportamento diverso da quello di un'altra istituzione italiana, la Consob, che ha avuto secondo gli inglesi un comportamento meno partigiano. A causa di Bankitalia, comunque, gli olandesi, «sembrano come dei turisti rapinati appena fuori del loro albergo».

Meglio tardi che mai

Nei primi giorni di luglio un lungo take dell'agenzia Ansa provoca un altro smottamento della già franosa credibilità di Via Nazionale: Bankitalia autorizzò la scalata di Popolare di Lodi ad Antonveneta prima di ricevere tutta la regolare documentazione sulla solidità della banca amministrata da Giampiero Fiorani. La sorprendente notizia è nascosta tra le carte inviata dalla stessa Bankitalia al Tar del Lazio, che indaga sui criteri in base ai quali Bankitalia autorizzò la Popolare di Lodi a scalare una banca di dimensioni maggiori delle proprie: fino al 20 giugno scorso – rivela l'Ansa – Bankitalia non era in possesso dei documenti che attestavano la consistenza patrimoniale della banca di Fiorani. E solo in quella data l'istituto guidato da Giampiero Fiorani trasmise a Bankitalia dei fax su «alcuni contratti di cessione di partecipazione di minoranza».

Il documento citato dall'Ansa è un'informativa interna di Via Nazionale, firmata dal capo della vigilanza Francesco Frasca e dall'addetto alla vigilanza Claudio Clemente (entrambi ascoltati dalla Procura di Roma) e indirizzata al direttore della sede di Milano. Sulla cessione delle minorities la nota interna specifica: «si tratta in particolare di due contratti sottoscritti il 17 e il 27 maggio con la filiale di Londra della Deutsche Bank, per un importo complessivo di circa 486 milioni di euro, a cui si aggiungono ulteriori due contratti di 94 milioni di euro ciascuno, sempre con la stessa filiale londinese della Deutsche Bank, sottoscritti solo in data 16 giugno. In tali documenti si fa inoltre riferimento a degli accordi collaterali sottoscritti tra le parti (cosiddetti call agreement) che non sono stati trasmessi alla Vigilanza».

L'informativa è datata 23 giugno 2005, il giorno successivo all'udienza del Tar del Lazio sul ricorso degli olandesi contro le autorizzazioni concesse da Via Nazionale alla Lodi per salire in Antonveneta. Il giorno dopo, il 24 giugno, il giudice chiese a Bankitalia di fornire ulteriori prove sulla solidità patrimoniale della Lodi. Documenti che furono poi depositati da Via Nazionale il 2 luglio, e tra i quali c'è appunto l'informativa interna. Nella nota Frasca e Clemente raccomandano inoltre di invitare la Lodi a inviare la documentazione mancante: «La popolare lodigiana andrà invitata a completare l'invio, con la massima sollecitudine, della documentazione comprovante la realizzazione di tutti gli interventi di rafforzamento patrimoniale programmati e, segnatamente, dei contratti di cessione di partecipazioni di minoranza formalizzati e dei relativi accordi accessori». Inoltre, prosegue la nota, la banca di Fiorani andrà invitata «a fornire una situazione patrimoniale aggiornata che tenga conto delle sole operazioni di incremento dei mezzi propri perfezionate e del consolidamento al patrimonio netto della partecipazione di minoranza acquisita nell'Antonveneta».

In sostanza, sembra leggersi nelle carte, la Banca d'Italia prima autorizzò la Popolare di Lodi a scalare Antonveneta, e solo dopo si preoccupò di ottemperare all'obbligo di verificare la consistenza patrimoniale degli scalatori. Un'accusa da brivido, per altro già ipotizzata nell'esposto Adusbef del 6 aprile, che va ad arricchire il fascicolo penale aperto dal procuratore aggiunto di Roma Achille Toro e dal sostituto Perla Lori. Nuovamente interrogato dai magistrati il 7 luglio, Frasca si difende, assistito dal suo legale Franco Coppi: «Non vi fu nessuna omissione, tutte le procedure furono imparzialmente verificate». L'interrogatorio dura ben 5 ore, segno che la vicenda è complessa, e molte le cose da chiarire.

Fiorani, sberle e carezze

Il 12 luglio è un'altra giornata densa di avvenimenti per Giampiero Fiorani: in mattinata la Banca d'Italia dà il nuovo via libera all'Opa obbligatoria e all'Ops (Offerta pubblica di scambio) di Banca Popolare Italiana su Antonveneta. Nelle stesse ore dagli ambienti del palazzo di giustizia romano trapela la notizia dell'iscrizione dello stesso Fiorani nel registro degli indagati per i reati di ostacolo a un organismo di vigilanza, concorso in abuso d'ufficio continuato, falso in bilancio e falso in prospetto. L'indagine su Giampiero Fiorani sarebbe incentrata su un arco temporale riferito agli ultimi due anni. La contestazione relativa al falso in bilancio farebbe riferimento ai bilanci di Bpl del 2004 e della prima trimestrale del 2005.

Le inchieste procedono ormai spedite: il 15 luglio, mentre gli uomini delle Fiamme Gialle tornano in Bankitalia alla ricerca di documenti per conto della Procura di Milano, i magistrati romani interrogano come persona informata dei fatti Stefano De Polis, funzionario della Banca d'Italia del settore vigilanza. Si tratta della persona che avrebbe predisposto materialmente l'autorizzazione all'Opa e la Opas su Antonveneta per l'ex Banca Popolare di Lodi, attuale Banca Popolare Italiana.

Fazio sulle spine

Il 18 luglio la vicenda Antonveneta si arricchisce di un nuovo sconcertante capitolo: dagli interrogatori svoltisi in Procura a Roma emerge che gli organi tecnici di Via Nazionale non avrebbero dato parere positivo all'Opa e all'Opas dell'ex Banca Popolare di Lodi sull'istituto padovano. Nulla osta poi comunque ottenuti dall'istituto guidato da Giampiero Fiorani con una decisione evidentemente «politica», e quindi certamente voluta ai massimi livelli dell'Istituzione di via Nazionale.

La circostanza emerge nel corso degli interrogatori dei funzionari dell'area di sorveglianza di Bankitalia Claudio Clemente e Giovanni Castaldi, e rimbalza in fretta da Piazzale Clodio a Via Nazionale. Dall'istituto arriva in risposta solo una breve nota: «La diffusione di notizie», recita nel pomeriggio un comunicato di Bankitalia, «meraviglia in quanto esse appaiono frutto di una mancanza di senso di responsabilità e di una totale sottovalutazione del fatto che notizie tendenziose possono provocare gravi danni alla reputazione delle istituzioni e turbative degli operatori finanziari e di mercato».

Questo è l'attacco sul metodo seguito dalla Procura. Nel merito, Bankitalia afferma che, nel dare il via libera a Fiorani, «è stato seguito rigorosamente, nella sostanza e nella forma l'iter delle norme sulla formazione degli atti e sull'adozione delle decisioni, dettate dalla legge. Sono state puntualmente rispettate le disposizioni di legge e di rango secondario regolanti questo tipo di autorizzazioni».

Al di là della difesa d'ufficio, la nuova notizia è un duro colpo per il Governatore. Anche perché arriva alla vigilia del Cicr, il Comitato interministeriale per il credito e il risparmio che dopo sedici mesi di stallo è stato rivitalizzato proprio per affrontare le vicende relative alle scalate di spagnoli e olandesi a due banche italiane. Finirà, quella riunione, con una nuova spina conficcata nelle carni del Governatore: il ministro del Tesoro Siniscalco, dopo aver ascoltato con attenzione la relazione di Fazio, la definisce diplomaticamente «ampia, costruttiva e approfondita». E però non si accontenta delle parole, e dichiara ufficialmente di riservarsi «un ulteriore approfondimento».

E intanto la guerra continua...

All'ombra dei colpi di scena giudiziari il duello tra la Popolare Italiana (ex Lodi) e Abn Amro, continua. Il nuovo appuntamento è l'assemblea del 25-27 luglio, che dovrà eleggere il Cda dopo che quello eletto il 30 aprile è stato sospeso dal tribunale di Padova a causa del «concerto» esistente tra alcuni soci. E intanto salta fuori una curiosità, legata all'aumento di capitale da 1,5 miliardi chiuso con successo venerdí dalla Popolare Italiana (le adesioni hanno sfiorato il 99%) e considerato uno degli elementi decisivi per rafforzare il patrimonio dell'istituto e ottenere cosí il via libera da Banca d'Italia.

L'Ad di Banca Popolare Italiana, Giampiero Fiorani, e gli altri vertici dell'istituto hanno infatti investito in prima persona. Fiorani ha sottoscritto 56.925 azioni a 8 euro per un controvalore complessivo di 455.670 euro. Lo ha superato il vicepresidente vicario Desiderio Zoncada, che ha sottoscritto complessive 72.882 azioni pari a 583.056 euro. Il consigliere Giorgio Chiaravalle ha aderito per 319.968 euro. Un segno di fiducia nelle proprie possibilità rivolto al mercato in vista della partenza dell'Opas di Popolare Italiana, che offre 27.50 euro per azione, fissata per il 20 luglio, dopo che il Tar ha respinto l'ennesimo ricorso di Abn Amro.

Il 22 luglio Fazio, Fiorani e soci incassano la notizia migliore di un luglio piuttosto tormentato: l'Opa lanciata il 30 marzo da Abn sul 100% del capitale di Antonveneta si chiude nei tempi previsti con un sonoro insuccesso. Un'Opa dal cammino tormentato, durato quasi due mesi, passando anche attraverso un rilancio del prezzo, che alla fine si è arenata di fronte al fatto evidente che Popolare di Lodi aveva rastrellato, con metodi piú o meno leciti, il 51% delle azioni. Una massa di manovra che rendeva persa in partenza l'offerta Abn. E infatti sin dal 19 maggio, alla partenza, l'Opa olandese aveva registrato poche adesioni.

Nel frattempo la Lodi preparava l'Opa obbligatoria imposta dalla Consob (che aveva accertato l'azione di concerto con Gnutti, Coppola e i fratelli Lonati) e un'Opas a 26 euro in mezzo a una furiosa battaglia legale scatenata dalle parti che aveva coinvolto la magistratura italiana e la Commissione Ue. Il 10 giugno Abn aveva tentato il colpo di mano, alzando l'offerta fino 26,5 euro. Una mossa alla quale la Lodi aveva risposto il 15 giugno, portando la sua Opas, ancora in attesa dell'ok della Consob, a 27,5 euro, col ritocco di un euro per chi avesse conservato i titoli per un certo periodo di tempo.

Il ritocco della Lodi e la saldezza del fronte messo in piedi da Fiorani, avevano spostato gli equilibri in favore del concorrente piú debole sulla carta. Il resto lo aveva fatto il rifiuto del Tar di revocare le autorizzazioni concesse da Bankitalia alla Popolare. Risultato: Opa Abn Amro definitivamente fuori gioco, nonostante la proroga dell'offerta dal 6 al 22 luglio.

Fiorani canta vittoria

Magistratura permettendo, la partita almeno sul mercato sembra chiusa: di riffe o di raffe, utilizzando al meglio il vantaggio di giocare con l'arbitro a favore, Fiorani ha portato a casa un primo risultato, far fallire la scalata dei rivali olandesi. Ai quali, a meno di sviluppi clamorosi, non resta ora che aderire alla contro-Opa obbligatoria della Popolare Italiana a 24,47 euro portandosi comunque a casa una ricca plusvalenza. Una strada già seguita dall'altro grande sconfitto straniero, il Banco di Bilbao. Una decisione ufficiale – fa sapere Abn Amro – arriverà comunque solo a partire da lunedí 25 luglio, quando saranno noti i dati definitivi sulle adesioni. Rimane poi in piedi la partita giudiziaria, in corso negli uffici delle procure di Milano e Roma.

Certo è che Fiorani, negli ultimi nove mesi, non è mai stato tanto vicino alla vittoria come in questo momento. Nella dura partita il ragioniere di Lodi ha impegnato tutte le sue energie e le sue amicizie, soprattutto quella che lo lega all'arbitro della partita, il Governatore Fazio. Il quale Fazio, in questo giorno per lui glorioso è in Parlamento, per essere ascoltato sul Dpef. Una splendida occasione per cantare vittoria davanti ad una platea qualificata. E infatti Fazio non se la lascia scappare: «Abn-Amro è riuscita a raccogliere a ieri l'1,2%, mentre avrebbe dovuto raggiungere oltre il 20%», gongola davanti ai deputati che lo ascoltano attenti. «L'Opa di Bbva», aggiunge, «si è conclusa con una raccolta dello 0,5%, e avrebbe dovuto raccogliere il 55%. Non faccio osservazioni, questo è il comportamento di mercato. Con questi risultati Bbva ha dichiarato che rinuncia. L'altro non so cosa farà».

Forse è poco elegante per il Governatore sbandierare le Caporetto degli stranieri quasi fossero sue personali vittorie, dimenticandosi per un momento del suo – sulla carta – ruolo super partes. Ma cosí è fatto l'uomo di Alvito, vestito dei migliori abiti di sartoria, educato alle arti della diplomazia, ma pur sempre uomo di provincia, che si piglia le sue soddisfazioni. In quel momento glorioso, Fazio dimentica persino i prezzi della vittoria: la credibilità della Banca d'Italia mai cosí sotto i piedi dell'Europa, un gruppetto di suoi alti funzionari torchiati dai magistrati, il suo amico Fiorani sotto indagine a Roma e Milano, perquisizioni e sequestri in quelli che una volta erano inviolabili santuari della finanza.

La doccia fredda

Stile ed eleganza a parte, in quel principio d'estate Fazio commette un errore madornale, quello di cantare vittoria troppo presto. Il 22 luglio, quando manca ormai pochissimo all'assemblea di Antonveneta che dovrebbe certificare la vittoria di Fiorani e soci su Abn Amro, una gelata canadese viene a bloccare gli entusiasmi: la Consob, sulla base dei controlli effettuati in collaborazione con la Procura di Roma, ha accertato l'esistenza di un nuovo patto parasociale su Antonveneta fra la Banca Popolare Italiana (ex Lodi) e la Magiste International di Stefano Ricucci. Sulla base di questi riscontri l'autorità di controllo sul mercato decide che i due soggetti «non possono esercitare il diritto di voto inerente alle azioni per le quali non sono stati adempiuti gli obblighi di legge». In parole semplici, i diritti di voto in assemblea di Antonveneta relativi alle quote di Bpi (vicine al 30%) e di Ricucci (poco meno del 5%) vengono sterilizzati.

Da ulteriori accertamenti svolti nell'ambito della medesima indagine – comunica sempre la Consob – è risultato che i fondi di investimento Generation Fund e Active Fund, domiciliati entrambi presso le isole Cayman, sono da considerarsi «interposte persone nell'acquisto di titoli Antonveneta». Non avendo quindi la Banca Popolare Italiana adempiuto correttamente agli obblighi di comunicazione delle quote acquisite attraverso i due fondi, anche il diritto di voto relativo a queste partecipazioni non potrà essere esercitato. «Il patto non dichiarato tra la Popolare Italiana e la Magiste», scrive la Consob, «è stato quantomeno concluso il 10 marzo 2005», ed è quindi antecedente quello già rilevato dall'organismo di controllo che Fiorani aveva siglato con Danilo Coppola, Emilio Gnutti e i fratelli Lonati, che risale al 18 aprile e sul quale la Commissione ha deliberato il 10 maggio.

La Popolare Italiana, prima del 30 aprile scorso, aveva in sostanza acquistato e non dichiarato l'1,46% di Antonveneta attraverso due hedge fund domiciliati alle Cayman. I due fondi hanno agito «quali interposte persone nell'acquisto di azioni ordinarie Antonveneta e uno di essi», scrive la Consob, «ha compiuto un acquisto» di titoli di Padova «al prezzo di 27,7435 euro che potrebbe determinare un incremento, anche se minimo, del prezzo dell'Opa obbligatoria in corso» di 27,7 euro, promossa dalla Bpi a seguito del patto siglato con Gnutti, Coppola e i fratelli Lonati. «Interposizione», si legge ancora, «che rendeva obbligatorio per la banca stessa considerare gli acquisti compiuti dai suddetti soggetti ai fini della determinazione del prezzo dell'Opa obbligatoria e comunicare le partecipazioni acquistate dagli stessi». In particolare, i due fondi – che si chiamano Generation Fund e Active Fund, e dei quali risulta gestore la Money Bond Investments diretta da Luigi Enrico

Colnago e che sono entrambi domiciliati alla isole Cayman, paradiso fiscale reso famoso dalla vicenda Parmalat – hanno acquistato «a piú riprese, in date antecedenti al 30 aprile» azioni Antonveneta per rispettivamente 3.770.000 e 450.000 azioni, per un totale dell'1% circa del capitale. L'intera operazione – secondo la ricostruzione della Consob – aveva il chiaro scopo di aggirare i controlli dell'autorità garante del mercato. In particolare – si sostiene nell'atto di accertamento, secondo quanto risulta all'Ansa – la Consob rileva come tra tutti gli hedge fund la Bpi abbia individuato proprio i due fondi gestiti da Luigi Enrico Colnago che per sua stessa ammissione non aveva mai condotto investimenti in titoli azionari cosí consistenti.

Lo scaricabarile

«Una storia ingloriosa» quella del fondo Generation Fund, nel quale il gruppo Bpi ha investito 100 milioni di euro nel solo mese di aprile, interamente destinati a titoli Antonveneta. Cosí la definisce lo stesso Colnago nel corso di una audizione in Consob, a causa delle perdite conseguite fino a quel momento con operazioni di trading sui cambi.

Ma nel corso del 2005 Colnago invia memorandum sull'attività dei fondi a varie istituzioni fra le quali proprio la Bpi. E tanto basta perché la Bpi lo cerchi e, tramite il direttore finanziario Boni, investa 50 milioni di euro nell'Active Fund, che il primo luglio ha un patrimonio di 80 milioni di cui una dozzina investiti in Antonveneta e 115 nel Generation Fund, che al 21 giugno vanta un patrimonio di circa 130 milioni di cui 115 appartenenti al gruppo Bpi.

Nonostante questo flusso di denaro il Presidente della Bpi, Giampiero Fiorani, nel corso dell'audizione in Consob, dichiara di non seguire direttamente gli investimenti della banca, interamente delegati al direttore finanziario Boni. Quest'ultimo, in una successiva audizione, afferma di ignorare che il fondo Af fosse anch'esso di Colnago, di non essere a conoscenza di come i due fondi avessero investito i soldi della Bpi e addirittura di aver chiesto a Colnago, al termine dell'assemblea di Antonveneta, la motivazione di questo investimento. Una serie di elementi che per la Consob possono essere considerati indizi gravi, precisi e concordanti dell'esistenza di un'interposizione di persona e che le azioni detenute dai due fondi fossero nella disponibilità della Bpi che poteva utilizzarle nel modo piú opportuno, al di fuori di qualsiasi controllo.

Ricucci copia i compiti?

All'indomani di queste rivelazioni l'Ansa, con un suo scoop, aggiunge pepe alla pietanza: secondo la piú importante agenzia di stampa italiana, l'intervento del rappresentante della Magiste International di Stefano Ricucci, preparato per la famosa l'assemblea Antonveneta del 30 aprile 2005, è stato sequestrato presso la segreteria dell'amministratore delegato di Bpl, Gian Piero Fiorani, nel corso di una perquisizione datata 25 maggio 2005. È questo, scrive l'Ansa, uno degli indizi che hanno portato la Consob ha individuare il concerto tra Bpi e Ricucci.

Altro indizio fondamentale è stata la scoperta che una società delle Isole Vergini, la Garlsson, riconducibile a Ricucci, aveva ricevuto un finanziamento da Fiorani per 100 milioni di euro e subito dopo aveva acquistato 5 milioni di azioni Antonveneta, girate prima dell'assemblea alla capogruppo Magiste. Riguardo alla bozza trovata negli uffici di Fiorani, la Consob nota come sembri poco credibile che un imprenditore come Ricucci, dotato di una propria struttura autonoma e certamente di strumenti per mettersi in contatto a distanza con la propria azienda o con i propri legali o consulenti, usi la struttura di un'altra impresa.

Il documento evidenzierebbe dunque i rapporti tra i due imprenditori nei giorni immediatamente antecedenti l'assemblea della banca padovana del 30 aprile 2004. La presentazione di una lista autonoma da parte dello stesso Ricucci apparirebbe a questo punto una sorta di tentativo di depistaggio. Tra gli indizi considerati dalla Consob, c'è anche il fatto che la Magiste di Ricucci ha ricevuto, tramite la società Garlsson, un finanziamento da Bpi che, per l'importo, per il tempo trascorso tra la concessione del finanziamento e l'investimento, e per le modalità del rilascio, sembra direttamente finalizzato all'acquisto di azioni Antonveneta.

La riferibilità della società delle Isole Vergini a Ricucci è stata confermata in occasione dell'incontro in Consob del 7 luglio e delle successive audizioni dello stesso immobiliarista romano e di Fiorani. La Garlsson ha avuto un finanziamento da Bpi, originariamente finalizzato a un'operazione immobiliare di 100 milioni di euro, con i quali, unitamente a circa 50 milioni di cassa della società, ha acquistato 5 milioni di azioni Antonveneta. L'acquisto delle azioni è avvenuto tra gennaio e marzo 2005. La titolarità delle azioni è stata trasferita alla Magiste prima dell'assemblea del 30 aprile.

Sequestrate quelle azioni!

In seguito a queste sconcertanti scoperte, La Procura di Milano dispone il sequestro delle azioni Antonveneta possedute da una decina di persone che, secondo la Consob, avrebbero partecipato al concerto per la scalata della banca padovana. Tra queste ci sono quelle di Fiorani e Ricucci, in tutto all'incirca il 40% del capitale sociale di Antonveneta. È quanto si apprende da fonti legali, che confermano un calcolo sulle quantità azionarie in possesso di una decina di persone fisiche e società i cui pacchetti sono stati posti sotto sigillo dalla Guardia di finanza.

La prima immediata conseguenza dell'azione a tenaglia tra Consob e Procura di Milano è che l'assemblea dei soci Antonveneta che avrebbe dovuto sancire il trionfo di Fiorani e soci va deserta. Insufficiente, infatti, la presenza del 34,30% del capitale – garantito da Abn Amro e Lloyd Adriatico – per raggiungere il quorum previsto dalla legge: troppo pesanti le assenze della Banca Popolare Italiana, titolare del 29,49% del capitale dell'istituto, e di Stefano Ricucci, titolare del 4,99%. Assenze scontate, anzi obbligate. La riunione viene spostata di qualche giorno. All'orizzonte si delinea un Cda targato Abn Amro.

Ultime grida

Il ribaltamento di una situazione che dopo tanti colpi di scena sembrava arridere a Fiorani e soci viene letta come un vero e proprio «colpo di stato contro il mercato» dal presidente della commissione Lavori pubblici del Senato, Luigi Grillo, di Forza Italia. Secondo l'esponente forzista, la magistratura avrebbe «messo le manette alla Consob e alla Banca d'Italia». La conseguenza sarebbe che «le logiche di mercato, tante volte invocate, vengono travolte». Secondo Grillo, la Procura riaprirebbe cosí «una partita, creando danni all'immagine del Paese», dopo che il mercato aveva decretato il fallimento delle Opa straniere. Con toni forzatamente piú sobri, e «nel pieno rispetto della magistratura inquirente», Bankitalia «ribadisce la correttezza del suo operato e dei provvedimenti adottati».

Sono le ultime parole famose: una valanga di intercettazioni telefoniche sta per abbattersi sul castello di Via Nazionale. Sarà l'estate della Governatora, dei furbetti del quartierino, della «porta di dietro» da cui passa Fiorani quando va a tramare col Governatore le manovre pre-partita. Una commedia trash che non si farà mancare nulla, dalla bella attrice preoccupata per il fratellino, allo yacht di Briatore.

Gli olandesi vinceranno la battaglia per Antonveneta, come avrebbe dovuto accadere fin dall'inizio. Fiorani perderà tutto, rincorso da avvisi di garanzia e indagini patrimoniali, come quei giocatori che puntano alla roulette anche i beni di famiglia. Il Governo perderà un ministro – il Siniscalco di coccio frantumato contro i vasi di ferro di Antonio Fazio – e anche la faccia, incapace com'è il suo premier di esprimere una posizione. Fazio resterà al suo posto, aggrappato al suo scranno come un re in mutande, sacrificando la dignità di una istituzione antica e rispettata nel mondo alla protervia del suo brutto carattere.

5. Il grande gioco

La vicenda di Antonveneta, che abbiamo fin qui raccontato, si inserisce in una partita ben piú ampia: mentre il Governatore Fazio fischiava falli a ripetizione contro gli olandesi per far vincere la partita padovana alla squadra di brocchi del suo amico Fiorani, altre partite, forse piú importanti, si giocavano in contemporanea. A cominciare da quella su Mediobanca, il mitico istituto d'affari che con Enrico Cuccia vivente ha fatto per un ventennio da camera di compensazione della finanza italiana.

In piena estate, acquisti di azioni in quantità fuori del normale venivano registrati da parte della categoria emergente degli immobiliaristi, con in testa Danilo Coppola, amico e sodale di Stefano Ricucci, che raggiungeva il 4,3% del capitale e in un'intervista dichiarava il suo interesse a candidarsi per un posto in Consiglio d'amministrazione. Un Consiglio in cui era già entrato col 2 per cento del capitale Ennio Doris, patron di Mediolanum e uomo di spicco della galassia-Berlusconi. Strani movimenti azionari si verificavano anche intorno alle Generali, la perla delle perle tra le compagnie di assicurazioni. Disegni oscuri, impenetrabili: «Non si capisce cosa accade, non si vede una strategia», diceva in quei giorni un banchiere del Nord a Gianni Barbacetto di *Diario*.

Tra i grandi sospettati di voler conquistare posizioni di forza in vista di rivolgimenti e colpi di mano c'era Tarak ben Ammar, il finanziare franco-tunisino dalla faccia furba e simpatica, consigliere d'amministrazione della Fininvest, noto in Italia per un episodio del 24 novembre 1995: quella sera, intervistato dal Tg5, Ben Ammar dichiarò che erano soldi suoi, compensi per acquisti di diritti televisivi all'estero, quindici miliardi delle vecchie lire versati estero su estero da Silvio Berlusconi. Quei soldi in realtà erano per Bettino Craxi, il piú grande finanziamento in nero mai scoperto in Italia, ma con la sua «rivelazione» Ben Ammar riuscí a tener buoni per un po', se non i magistrati, almeno i giornalisti. Un buon amico di Berlusconi, quindi, che si muove abilmente e con discrezione nei santuari del capitalismo italiano. E non certo da solo.

In quelle stesse settimane, con molto piú clamore, il carneade Stefano Ricucci tentava la scalata delle scalate, quella al *Corriere della Sera*. Un sogno che aveva mosso in passato altre avventure, come quella tentata e per un certo periodo persino realizzata da Gelli con il soldi del Banco Ambrosiano di Calvi. Da allora il *Corriere* si è data una struttura meno permeabile, ma gli appetiti non si sono placati. Specialmente quelli di Silvio Berlusconi: acquisita Mondadori, fallita per la resistenza di De Benedetti e l'intervento dei magistrati l'acquisizione del gruppo Espresso-Repubblica, la Rcs è il grande gruppo editoriale rimasto nel libro dei sogni dell'egemonia culturale berlusconiana.

Voci sull'interesse del premier hanno continuato a circolare in questi anni, il suo fastidio per la direzione di Ferruccio De Bortoli, poi allontanato per supposto anti-berlusconismo, è storia nota. Ed ecco che in estate arriva l'arricchito Ricucci. Di lui tutti dicono che lavori per conto di altri, ma chi siano questi altri non si sa.

C'è in particolare un uomo di cui non si capisce se a Ricucci stia dietro, o davanti o al fianco, ma cui certamente è vicino. Quest'uomo di chiama Ubaldo Livolsi, è proprietario di una merchant bank che gravita nell'orbita berlusconiana, ma è soprattutto il personaggio che negli anni novanta salvò la Fininvest affogata in 4.500 miliardi di debiti, inventando Mediaset e quotandola in borsa. Anche lui, come Ben Ammar, siede nel Cda Fininvest.

Livolsi insieme a Ricucci, Fiorani e molti altri è anche socio di Hopa, la società di Chicco Gnutti al centro di tutte le grandi manovre in corso. E anche lui è tra i protagonisti del grande gioco estivo: a fine giugno ha rilasciato al *Sole 24 Ore* un'intervista in cui fa il tifo per l'avanzata degli immobiliaristi – Ricucci in testa, ma anche Coppola, Statuto, Zunino e altri – nel panorama della finanza italiana.

Quando i giornali pubblicano le prime intercettazioni telefoniche del caso Antonveneta, si scopre che il suo nome ricorre spesso nelle conversazioni di Ricucci, a proposito di un socio spagnolo disponibile a far parte di una cordata per conquistare la Rcs. L'8 agosto lo stesso Livolsi esce allo scoperto in una intervista al *Corriere della Sera*, e dichiara di lavorare, per conto di Ricucci, all'affare Rcs: «Non ci vedo nulla di male», spiega, «che si possa ipotizzare la scalabilità di un'azienda come la Rcs da parte di nuovi azionisti finanziari e industriali fa parte del gioco. Lo ripeto: non c'è nulla di male. La finanza può servire a far crescere le aziende, a renderle piú forti in un'ottica globale».

Il coinvolgimento di un uomo Mediaset come Livolsi nel progetto-Ricucci – insieme al contenuto di alcune delle intercettazioni – rafforzano il sospetto che dietro le manovre dell'ex odontotecnico di Zagarolo sul *Corriere* possa esserci lo stesso Berlusconi. Ipotesi che ovviamente Livolsi smentisce con forza: «Il Cavaliere su queste cose non deve essere coinvolto. Non mi pare che lui e Ricucci possano essere considerati cosí vicini, Ricucci non è la pedina di un gioco del Cavaliere. Si muove per creare un'operazione di valorizzazione della Rcs».

E piú avanti, su insistenza del giornalista: «Io faccio il mio mestiere di banchiere d'affari, non c'entra Silvio Berlusconi, ho bisogno di clienti. Se costruisco un progetto nel business dell'audiovisivo non deve essere per forza legato a Berlusconi». Anche se poi è lo stesso Livolsi ad ammettere che Ricucci prevede di portare avanti le sue manovre facendosi affiancare da altri grandi nomi. Uno dei quali potrebbe essere, ad esempio, Tarak ben Ammar. Un altro buon amico di Berlusconi, guarda caso.

Gossip e affari

Nelle intenzioni di Livolsi l'intervista al *Corriere* dovrebbe sgombrare il campo da sospetti e illazioni, ma il risultato è opposto: la sua conferma dell'esistenza di un progetto di scalata al *Corriere* fa salire in borsa il titolo Rcs del 3,05%. Piazza Affari, insomma, accredita la possibilità che sulla scena irrompano soci italiani ed esteri accanto a Ricucci, che ha già rastrellato il 20,92% della Rizzoli. Il coinvolgimento, almeno a livello di ipotesi, di Tarak Ben Ammar, un altro sodale di Berlusconi, allarga le manovre in Borsa a Mediobanca, che quello stesso giorno guadagna il 3,89%.

L'imprenditore franco-tunisino fa infatti parte del nucleo francese che detiene il 10% di Mediobanca. E qualcuno, facendo due piú due, ha pensato che le grandi manovre in corso possano interessare anche la banca d'affari di piazzetta Cuccia. Tarak naturalmente smentisce tutto. Berlusconi, dalla Sardegna, nemmeno accenna alla vicenda, malgrado dalla prima pagina del *Corriere della Sera* un editorialista autorevole come Sergio Romano – sotto il titolo «L'ombra del premier» – gli chieda di fare chiarezza.

Si parla anche di un interesse spagnolo sul *Corriere*. Le intercettazioni tirano in ballo Flavio Briatore e Alejandro Agag, giovane finanziere e genero dell'ex premier di Madrid Josè Maria Aznar, altro grande amico di Berlusconi. Briatore e Agag hanno un piano per l'acquisto del quotidiano *El Mundo*, di proprietà della Rcs. E lo stesso Agag sarebbe interessato alle manovre sul *Corriere della Sera* di Ricucci. I due si sono conosciuti sullo yacht di Briatore, ormeggiato a Porto Santo Stefano, in Toscana, accanto a quello dell'immobiliarista di Zagarolo.

E qui cronaca economica, politica e gossip s'intrecciano in un corto circuito mediatico che segna l'estate del 2005. Le telefonate di Fazio a Fiorani sul caso Antonveneta finiscono nel calderone accanto a quelle di Briatore e Simona Ventura preoccupati per la strepitosa imitazione di Ricucci fatta da un comico a «Quelli che il calcio».

Le chiamate fatte da Consorte a Fassino per riferirgli gli sviluppi del risiko bancario si mescolano agli sms amorosi di Anna Falchi al suo Stefano. E Briatore viene intervistato a bordo del suo panfilo da Maria Latella non su Naomi (la ex fidanzata) e Billionaire (il suo locale notturno), ma su Berlusconi, Montezemolo e Banca d'Italia. Lui ne approfitta per difendere il suo amico di Zagarolo: «Io spero che ce la faccia. È uno contro il sistema e io tifo sempre per il piú debole. Almeno lui nell'operazione ci ha messo il 30 per cento, mica l'1. Soldi suoi».

Veramente, – suggerisce l'intervistatrice – soldi delle banche.
«Vuol dire che credono in lui. Avranno avuto garanzie. Quando arriva uno nuovo, tutti a chiedere: ma come ha fatto i soldi? Nessuno si chiede come li ha fatti chi è andato avanti con gli aiuti del governo. Quando guadagnano fanno shopping all'estero, quando perdono interviene palazzo Chigi e si mettono in cassa integrazione gli operai.»
Con chi ce l'ha?
«Ma su, penso alla Fiat. Oh, a me Montezemolo sta simpatico, eh. Certo, la Ferrari ha vinto col gruppo che avevo creato io quando stavo da Benetton.»
In Italia ci sono aziende che vanno bene anche senza aiuti statali. Che dice di Della Valle, per esempio?
«Ah, Diego e Andrea li conosco bene. Fanno utili. Tanto di cappello.»
Lei conosce tutti, però le «fanno simpatia» i nuovi, questo gruppo che ruota intorno a Ubaldo Livolsi, Tarak ben Ammar, Alejandro Agag.
«Un momento. Io sono amico soltanto di Alejandro. Livolsi non lo conosco. Agag sí, da anni, ora stiamo anche lavorando insieme, a Londra e in Spagna. In Spagna la Formula 1 non passava neppure in tv, ora con Alonso fa il 50 per cento di share. Abbiamo molti sponsor spagnoli, Telefonica, la Mutua Madrilena... »
E vorreste comprarvi *El Mundo*...
«Non credo che Alejandro abbia un ruolo in queste vicende. Che *El Mundo* fosse della Rcs l'ho saputo una settimana fa. È un quotidiano molto influente, ma io non sono capace di fare l'editore e di solito mi occupo soltanto di cose che so gestire. Dovrei imparare.»
Ma c'è o no questo piano spagnolo per comprarsi la Rcs?
«Spagnolo non credo. Comunque, stiamo parlando di Europa e mi sembra normale che aziende internazionali possano interessarsi a gruppi editoriali italiani. E viceversa: *El Mundo* è controllato da un'impresa italiana, no? E l'italiana Canale 5 in Spagna è fortissima. La Ferrari ha un grande manager francese, ora la Renault è contenta dell'italiano Briatore... Insomma, lo dice uno di Cuneo, ma la globalizzazione esiste. Guardiamo ai posti di lavoro, agli utili.»

Allarme rosso

L'intervista a Briatore è dell'11 agosto, e segna l'apice della mescolanza tra generi diversi come il gossip e l'economia. L'invito di Briatore a guardare agli utili e ai posti di lavoro non tranquillizza chi guarda agli assetti complessivi. Sta accadendo in Italia un sommovimento che potrebbe cambiare la geografia del potere, che anzi forse lo avrebbe sicuramente fatto se le indagini della magistratura, arricchite da uno straordinario florilegio di intercettazioni telefoniche, non avessero scoperchiato tutto.

È abbastanza efficace la sintesi che un allarmato Pierluigi Castagnetti, esponente della Margherita, fa in quei giorni a Sergio Bocconi del *Corriere della Sera*: «L'errore di Fazio è quello di aver utilizzato banchieri disinvolti: il socio di Fiorani è Ricucci, che nella scalata al *Corsera* è sodale di Livolsi, il quale lo è a sua volta di Agag e tutti e due, come è noto, sono legati a Berlusconi».

Certo è che il balletto delle telefonate – che i giornali pubblicano a puntate – mette in chiaro un disegno trasversale che interessa tre partite di primo piano piú altre minori. Le tre partite sono quelle per la conquista di Banca Nazionale del Lavoro, Antonveneta e gruppo Rizzoli-Corriere della Sera. I protagonisti principali del giro di intercettazioni sono quattro: Fazio (col contorno della moglie Cristina e del capo della Vigilanza Francesco Frasca), e intorno a lui Fiorani, Ricucci e Consorte.

Il gruppo discute, disegna strategie, va a caccia di soci e finanziatori per le partite aperte e per quelle future. Parlano con un sottobosco variegato di mediatori d'affari, piccoli banchieri, faccendieri e politici, molti politici: gli interlocutori privilegiati sono uomini del centro-destra, in primis Berlusconi e Letta seguiti da molti altri. Ma sul versante opposto Giovanni Consorte, l'uomo che ha deciso di portare il mondo nobile delle cooperative dentro il Grande Gioco, informa Fassino dello stato dell'arte. La mole delle telefonate è impressionante, i tabulati delle intercettazioni riempiono piú di mille pagine. Ricucci, per fare l'esempio piú eclatante, si sposa nel pomeriggio del 9 luglio, e spende buona parte della giornata, fino a mezz'ora prima delle nozze, a parlare d'affari al cellulare.

Nemmeno l'idea di essersi legato a vita a una donna splendida come Anna Falchi lo distoglie dal lavoro, visto che quelle stessa sera, dopo la torta, si riattacca al telefono.

I telefoni smetteranno improvvisamente di tacere solo ad agosto, quando i protagonisti del Grande Gioco scopriranno di essere stati intercettati, e dovranno riporre, almeno per il momento, i sogni di gloria.

La razza del mattone

Il 13 agosto 2005 i giornali italiani hanno già cominciato a pubblicare i testi delle telefonate intercettate tra i protagonisti del risiko bancario, ma lo scoperchiamento dello scatolone del gioco non ha ancora fatto sentire i suoi effetti. *Milano Finanza* può cosí pubblicare una classifica dei super ricchi d'Italia che – alla luce della tempesta che si annuvola sulle loro teste – sembra oggi il canto del cigno di Ricucci e soci: secondo i dati del giornale economico, l'ex odontotecnico di Zagarolo è al dodicesimo posto tra i Paperone della penisola, con 1,47 miliardi di euro in partecipazioni azionarie. L'anno precedente era al trentanovesimo posto, con «solo» 246 milioni di euro all'attivo. Due anni prima, invece, il suo nome non appariva in classifica.

Un altro immobiliarista romano molto vicino a Ricucci, Danilo Coppola, è balzato dal quarantunesimo al ventiduesimo posto. Il suo socio Luigi Zunino dal trentaquattresimo al ventunesimo. Per dare un'idea delle proporzioni, Carlo De Benedetti, proprietario del gruppo L'Espresso-Repubblica è al trentesimo posto, e Giorgio Armani al trentaduesimo. È la consacrazione della nuova razza del mattone, e il fatto che arrivi mentre Ricucci sta per affrontare la tempesta di un'inchiesta giudiziaria non toglie valore all'impetuosa cavalcata di questo gruppo emergente.

Come aveva scritto poco tempo prima Massimo Riva su *L'Espresso*: «Quanto possa essere duraturo il potere economico creatosi attorno a questa squadra di cosiddetti immobiliaristi, al cui successo non è certo estranea l'abnorme bolla finanziaria che si è gonfiata ultimamente nel settore, è un inquietante mistero. Si deve però constatare che al momento costoro appaiono dominanti sul campo: sono fra i principali protagonisti delle battaglie bancarie in corso (da Bnl ad Antonveneta), puntano ad acquisire posizioni rilevanti nel campo dell'informazione (operazione Ricucci-*Corriere della Sera*), tengono sotto mira il leggendario santuario di Mediobanca e, per questa via, magari, il gigante delle Assicurazioni Generali. In ogni caso si mostrano oggi come gli unici in gradi di dare la scalata al cielo, seppure con la corriva collaborazione di banchieri la cui vista di finanziatori non sa spingersi al di là della garanzia del mattone».

Secondo Riva, uno dei piú acuti osservatori del mondo dell'economia italiano, «è possibile, secondo alcuni probabile, che questa ventata immobiliar-bancaria porti a uno sconvolgimento profondo dell'attuale mappa dei poteri nazionali. Lo si vedrà forse presto. Di certo però la prima lezione che si può ricavare da quanto sta accadendo è che un segnale piú chiaro ed eloquente del rapido declino dell'economia italiana non si poteva avere. Quando, nel pieno di una grave crisi delle esportazioni per l'arrembante concorrenza altrui, le leve del potere rischiano di passare in mano a un gruppo di redditieri del mattone, vuol dire che il paese sta già alzando bandiera bianca».

Il partito trasversale

Ma davvero Stefano Ricucci, con le sue sole forze, pensava di annettersi il *Corriere della Sera* per poi passare a nuove mirabolanti imprese? Forse non è proprio cosí. Forse un pezzo di verità è nelle parole pronunciate dal loquace Livolsi nellla prima delle due interviste ad effetto dell'estate 2005, quella rilasciata il 21 giugno al *Sole 24 Ore*: «Ricucci può inizialmente essere l'uomo che apporta i primi capitali, che dà una scossa per valorizzare gli asset non pienamente sfruttati, per poi essere affiancato da uno o piú soci industriali capaci di portare contenuti e strategia di business».

Se l'uomo di Berlusconi parla di soci industriali capaci di apportare «contenuti e strategie» in un settore specialistico come quello dell'informazione, il pensiero non può che andare al proprietario di Mediaset e Mondadori, che da sempre ha come sogno nel cassetto il *Corriere della Sera*. Si dice che quella intervista abbia procurato a suo tempo una bella lavata di capo a Livolsi proprio da parte di Berlusconi.

Ipotesi, forse persino fantasie. I punti certi sono altri, facilmente elencabili:

è vero che intorno ad alcune partite importanti si è schierato un gruppo che mette insieme banchieri di provincia con forte propensione al rischio, come Giampiero Fiorani, finanzieri di razza padana come Emilio Gnutti con la sua Hopa (un vero e proprio partito trasversale vivente, che parla con Berlusconi e piace a D'Alema) e gli uomini del mattone della razza romana, Ricucci, Danilo Coppola, Giuseppe Statuto;

è vero che a fianco di questi scalatori si è schierato Giovanni Consorte con la sua Unipol, capofila della cosidetta «finanza rossa». Il profilo «etico» della prima stagione del movimento cooperativo si è abbassato, oggi l'architettura di controllo del «sistema-Consorte» non ha nulla da invidiare, per complessità, alle famose holding berlusconiane degli anni settanta. E senza dubbio, come dimostrano certe uscite di D'Alema e in parte anche le telefonate tra Fassino e Consorte, la nuova razza dei Ricucci, carica di energia e voglia di fare, raccoglie qualche simpatia in una parte della sinistra;

è vero infine che a sostenere le imprese di questo gruppo c'è stato, per un'intera stagione che si spera conclusa, il Governatore della Banca d'Italia Antonio Fazio. Perché cosí va l'Italia, da sempre: nel 1979 l'allora Governatore Paolo Baffi fu costretto alle dimissioni nell'arco di poche ore per aver ostacolato il salvataggio del bancarottiere in odor di mafia Michele Sindona. Nel 2005 Fazio resiste a un governo debole e incerto malgrado il caso Fiorani, e i precedenti crack – Bipop Carire, Parmalat, Cirio – montati sotto gli occhi assonnati del Governatore. Resiste in nome dei suoi appoggi in Vaticano, del patto stretto a palazzo Chigi con Berlusconi in difesa dell'italianità delle banche, dell'appoggio silenzioso di una parte della sinistra. Resiste in virtú della sua ferrea convinzione che, se non avesse cercato di consegnare Bnl, Antonveneta e forse persino il *Corriere della Sera* ai «furbetti del quartierino», tutto questo sarebbe finito ai protestanti olandesi. Resiste infine grazie al patto stretto con la Lega: un appoggio strategico, determinante negli equilibri di potere dentro la Casa delle Libertà, in cambio del salvataggio di Credieuronord, la fallimentare «banca padana» che – se Fazio e Fiorani non si fossero messi in mezzo – avrebbe creato seri problemi a qualche dirigente leghista.

La ritirata

La prima metà del 2005 sarà probabilmente ricordata come la stagione in cui un gruppo di banchieri di provincia, esponenti della «razza padana», affamati immobiliaristi romani, esponenti della cosiddetta finanza rossa, tutti riuniti sotto l'ombrello del Governatore della Banca d'Italia, diedero l'assalto al salotto buono del capitalismo italiano. La seconda metà di quello stesso anno passerà invece alla storia come il momento dell'ingloriosa ritirata di quello stesso gruppo.

Che questa composita e per certi versi pittoresca compagnia sia stata rimessa in riga – provvisoriamente? – non dagli esponenti del mitico salotto buono, ma dai magistrati di Roma e soprattutto di Milano, è il segno inequivocabile del declino rapido e forse inarrestabile delle strutture portanti del capitalismo italiano.

Oggi il personaggio piú vitale e piú in vista della compagnia, il finanziere di Zagarolo Stefano Ricucci, risponde diligentemente alle domande che i magistrati gli pongono e cerca di piazzare da qualche parte il 20,9% di azioni Rcs tanto costose quanto inutili. Ma guai a darlo già per finito: la razza dei nuovi padroni ha dimostrato fin qui un'energia e una vitalità fuori del comune, specie se opposta all'immobilismo decadente dei cosiddetti «salotti buoni».

A volte anche nelle vicende private si colgono segni utili a leggere destini pubblici: da un lato il rotondo, paffutello ex odontotecnico di Zagarolo che sposa la bionda e prosperosa soubrette in una cerimonia sfarzosa ed esclusiva. Dall'altro il biondo ed elegante rampollo della piú antica dinastia imprenditoriale italiana che si ritrova a un passo dalla morte dopo aver sniffato porcherie nell'appartamentino di un transessuale. Parabole opposte che forse non vogliono dir nulla, e forse invece sí.

Seconda parte

6. I «furbetti del quartierino»

«Stamo a fa' i furbetti del quartierino», ammette con un vistoso accento romanesco Stefano Ricucci, il palazzinaro ex odontotecnico di San Cesareo (paesetto sulla via Casilina ai piedi dei Castelli romani nei pressi di Zagarolo), in una conversazione telefonica intercettata dalla Procura della Repubblica di Milano nell'ambito dell'«Affaire-Fazio-Fiorani-Antonveneta».

Chi sono i furbetti del quartierino? E quali gli intrecci di potere e gli intrighi finanziari nella telenovela della piovosa estate del 2005, tra la fallita scalata alla Rcs e le due Opa lanciate su Banca Antonveneta e Bnl? Chi è l'ispiratore di questi movimenti di mercato che hanno attirato sull'Italia l'attenzione dell'Unione Europea e dei Governatori di mezza Europa, arrecando grave disdoro alla credibilità istituzionale della Banca d'Italia?

Le Procure della Repubblica di Milano e Roma[1], hanno cominciato a indagare sul risiko bancario nel mese di aprile del 2005, dopo aver ricevuto una serie di esposti dell'Adusbef (Associazione difesa utenti servizi bancari e finanziari). Il filo rosso che lega l'amministratore delegato della ex Banca Popolare di Lodi Fiorani con il Governatore Fazio, emerge con chiarezza da numerose telefonate riportate nelle 22 pagine del verbale di sequestro preventivo disposte dai pubblici ministeri di Milano Eugenio Fusco e Giulia Perotti.

La telefonata piú scandalosa del «Faziogate» viene intercettata il 12 luglio 2005, poco dopo la mezzanotte (ore 00,12), quando il Governatore Fazio decide di telefonare all'amico Giampiero Fiorani. «Ti ho svegliato?», domanda Fazio. «No, no», risponde Fiorani. «Allora ho appena messo la firma, eh». Fiorani, malgrado l'ora, ringrazia: «Ah... Tonino, io sono commosso, con la pelle d'oca. Guarda... ti darei un bacio in questo momento, sulla fronte ma non posso farlo... So quanto hai sofferto, credimi... prenderei l'aereo e verrei da te in questo momento se potessi...». «Io non volevo che il nostro rapporto personale fosse tale da influenzarti in qualunque cosa, il rapporto era tuo, solo tuo e di questo il Paese oltre a Giampiero ti saranno per sempre grati».

Ma emergono anche altri aspetti del rapporto tra «casa Fazio» e il ragionier Fiorani, per esempio quando il ragioniere di Lodi si intrattiene in lunghe conversazioni con Maria Cristina Fiorani in Fazio – la «Governatora», come è stata soprannominata dai giornali per il suo ruolo attivo nella vicenda.

Giampi, tesoro!

Fiorani chiama la signora Fazio «tesoro», lei ricambia storpiando il nome di Fiorani, Giampiero, nell'affettuoso «Giampi». C'è anche tutto un giro di telefonini e schede telefoniche che il ragioniere di Lodi avrebbe fornito personalmente alla famiglia Fazio. Nell'Italia berlusconiana dello scudo fiscale (la piú vasta operazione di riciclaggio con il sigillo dello Stato tassata al 2,5 per cento), dei condoni e dei perdoni tombali, delle leggi *ad personam*, i furbetti del quartierino hanno trovato un fertile brodo di coltura. Si muovono, infatti, in una Italia che ha depenalizzato il reato di falso in bilancio anche per far assolvere il capo del governo.

Negli Stati Uniti dell'«amico George» le cose non vanno esattamente nello stesso modo: il Sarbanes-Oxley Act (dal nome dei deputati democratico e repubblicano), firmato da Bush il 30 luglio 2002 a meno di 6 mesi dagli scandali Enron e Worldcom, prevede da un minimo di 12 a 25 anni di carcere per il reato di *accounting fraud*, falso in bilancio. Laggiú sono state inflitte condanne esemplari a Dennis Kozlowsky e Mark Swartz, presidente e vicepresidente della Tyco, che potranno chiedere la scarcerazione solo dopo 8 anni e 4 mesi di detenzione, con multe salatissime e risarcimenti di danni ingenti.

«Pioppetti» milionari

Le intercettazioni, come leggeremo piú avanti, forniscono la prova provata di un «concerto trasversale» tra Emilio Gnutti (già condannato per il reato di insider trading dal Tribunale di Brescia e indagato per analogo reato dalla Procura di Milano assieme a Giovanni Consorte e Ivano Sacchetti[2], amministratori dell'Unipol) e Giampiero Fiorani, impegnati su piú fronti: dalla scalata ad Antonveneta all'Opa sulla Bnl. L'asse di ferro è tra Fiorani e Gnutti, che secondo le intercettazioni utilizzano le loro società come casse continue, sia per finanziarsi a vicenda che per aggirare le comunicazioni al mercato, in un intreccio che coinvolge anche l'Unipol di Giovanni Consorte, lo scalatore di Bnl.

La Banca del Lavoro viene tirata in ballo con Antonveneta, in una conference call con i fratelli Lonati, Stefano Ricucci e altri concertisti. In quel contesto Chicco Gnutti illustra a tutti le tecnicalità dell'operazione. Appena finito l'incontro ufficiale, lo stesso Gnutti commenta l'esito con Fiorani al telefono: «Hai visto come l'ho venduta?». «Bravissimo», gli risponde l'Ad di Lodi. Nelle telefonate ballano milioni di euro come «pioppetti».

La ex Banca Popolare di Lodi, nel frattempo trasformata in Banca Popolare Italiana per meglio corrispondere ai sogni di gloria di Fiorani, ha urgenza di vendere fittiziamente alcune attività per tentare di rientrare in quei «ratios patrimoniali» previsti dalla Vigilanza. Si offre Gnutti, che chiede in cambio un prestito da 100 milioni di euro (i famosi «pioppetti» dei furbetti), anche per acquisire, in una «partita di giro», le quote di minoranza di Efibanca e Ducato da una sua società.

«È un'operazione venuta benissimo», commenta Gnutti al telefono, «se l'avessimo fatta apposta non ci riusciva». Nel dubbio, Fiorani chiama anche Consorte per chiedergli di dare l'ok alla transazione: «Si tratta di una cessione temporanea», dice, «con la T maiuscola». Da qui l'ipotesi di reato di false comunicazioni al mercato. L'intreccio tra i protagonisti in tutte queste operazioni è evidente: Fiorani usa carta intestata della G.P. Finanziaria, cassaforte di Gnutti, per falsificare alcuni documenti. Il patron della Hopa chiede in prestito 30 milioni di euro per acquistare azioni Eni, immediatamente concessi nonostante i dubbi dei funzionari della Bpl: utilizzare il pubblico risparmio come bancomat per fare shopping è il metodo in voga tra questi finanzieri d'assalto. «Altro che salotto buono», dice in una intercettazione Ricucci, «Tronchetti Provera (Telecom) è pieno di debiti fino al collo».

Con questi personaggi il Governatore di Bankitalia Fazio andava a braccetto in pubblico – molte foto li ritraggono assieme, senza alcuna distanza tra controllati e controllori – e intendeva disegnare i nuovi assetti bancari e difendere l'italianità delle banche.

La resistibile ascesa del ragionier Fiorani

Chi è Giampiero Fiorani, l'uomo che insieme al Governatore Fazio tira i fili dell'intera vicenda? Classe 1959, una breve esperienza da giornalista nel cattolico *Avvenire*, Fiorani entra in banca nel 1978, all'età di 19 anni. Fin da subito riesce a instaurare un rapporto privilegiato con Angelo Mazza, a suo tempo direttore generale della Lodi. Studia l'integrazione con Banca Rasini, una banca d'affari milanese nota ai piú soprattutto per aver avuto tra i suoi funzionari il padre di Silvio Berlusconi. Da qui la scalata: acquista la Banca Mercantile da Fondiaria, la Banca del Sud, la Adamas a Lugano, l'Iccri, l'Efibanca, le Casse del Tirreno. Nel frattempo sale ai vertici della Lodi diventando amministratore delegato nel 1997, a 38 anni.

Nel 2000 Fiorani mette nel mirino del suo fucile la Banca Popolare di Crema: oltre un terzo del capitale dell'istituto viene venduto sul mercato e rastrellato da investitori rimasti sconosciuti, nascosti dietro lo schermo di società off shore. Nel dicembre di quello stesso anno 2000, la Popolare di Lodi lancia un'Opas (Offerta pubblica di acquisto e scambio) che consente agli autori del blitz d'incassare plusvalenze elevate. Il tutto si conclude con una sanzione chiesta dalla Consob e l'oblazione di Fiorani.

Oggi il ragioniere di Lodi, travolto dagli strascichi del caso Antonveneta, ha dovuto lasciare tutti gli incarichi di rilievo, e i magistrati frugano persino nel suo patrimonio personale. Ma fino all'estate del 2005 era considerato un perfetto esemplare della razza padana dei banchieri, tanto da meritarsi persino la poltrona di vice-presidente dell'Abi, la potente lobby delle banche, presieduta da Maurizio Sella, proprietario dell'omonima banca e discendente di Quintino, ministro delle Finanze dopo l'Unità d'Italia (1862).

Chi tocca la Lodi si scotta

Mettere il naso negli ingarbugliati conti della Banca Popolare di Lodi, dubitare della sua reale solidità patrimoniale, è stato a lungo un esercizio pericoloso. Illuminante, al riguardo, è la vicenda che ha avuto per sfortunato protagonista Andrew Sentance, un giovane analista finanziario inglese della Gestnord (Gruppo Banca Sella presieduta e posseduta dal presidente dell'Abi Maurizio Sella).

Andrew Sentance[3] viene licenziato senza preavviso il 14 marzo 2005, il suo personale lunedí nero. Ufficialmente il provvedimento è motivato dall'accusa di aver rivelato informazioni raccolte grazie al suo rapporto di lavoro. Sentance racconta tuttavia un'altra storia, messa a verbale dallo stesso analista il 12 maggio del 2005 davanti ai magistrati milanesi che indagano sulla vicenda Antonveneta: «Nel maggio 2004», dichiara Sentance, «il dottor Frezza della Gestnord [ora Banca patrimoni e investimenti, *ndr*] mi chiese di analizzare il bilancio di Bpl su richiesta di un cliente che ritengo fosse il fondo pensioni dei notai. Approntai pertanto una bozza dello studio».

Il risultato di quel lavoro non è favorevole alla Bpl. Sentance, infatti, nutre dubbi sull'affidabilità di alcune voci del bilancio della Lodi: «Dissi chiaramente che le partecipazioni di Bpl riportate nel bilancio risultavano sopravvalutate» e che «era indispensabile fare chiarezza sulle basi attuali sulle quali lo sviluppo futuro avrebbe trovato fondamento».

A colpire l'analista inglese sono «le valutazioni delle partecipazioni iscritte nel bilancio Bpl che poggiavano su delle perizie Lazard». «Tali valori erano stati stimati in considerazione dei dividendi attesi», ma «l'andamento delle partecipate nel 2003 evidenziava già che il livello dei dividendi attesi non sarebbe stato raggiunto».

«Il giorno dopo», aggiunge l'analista, «inviai i risultati della ricerca ai clienti della Gestnord». Lo scritto di cui parla Sentance si intitola «Popolare di Lodi - Ancora incertezze». È stato acquisito dalla Procura di Milano ed è ancora pubblicato sul sito della Borsa italiana.

Ventiquattr'ore dopo aver consegnato il suo lavoro Sentance viene chiamato a Torino, dove si reca con alcuni colleghi. Il giovane professionista inglese è tranquillo, ma lo rimarrà per poco: «Venni convocato d'urgenza dal direttore generale della Gestnord, dottor Bruno Travostino» il quale nell'incontro «parlò al telefono con Maurizio Sella» e «mi disse che non dovevo parlare con la stampa, né con i promotori senza il permesso».

Lo stesso Travostino, racconta Sentance «mi disse che la Popolare di Lodi, secondo il suo punto di vista, andava molto peggio di quanto era descritto nel documento». Tuttavia la Bpl «era comunque un cliente molto importante», aggiunge il professionista inglese riferendo le parole del direttore, «e ci rese noto che la stessa si era lamentata del fatto che era stata divulgata una ricerca non favorevole».

Sentance ha lavorato a lungo sui bilanci di Banca Popolare Lodi e di società e fondazioni ad essa legate. «Nel bilancio Bpl 2004», illustra ai pm, «ho rilevato altre criticità: in particolare nel conto economico civilistico si parla di un aumento della fiscalità differita attiva per 23,4 milioni di euro. Tenendo conto che i dividendi ricevuti dalle imprese del gruppo sono stati di 245,5 milioni di euro e che l'utile prima delle imposte ammontava a 174 milioni di euro, ritengo che senza l'effetto dei dividendi e della loro indeducibilità fiscale, l'attività operativa sia addirittura in perdita. Inoltre le sofferenze sono in aumento e la copertura rimane sempre abbondantemente sotto la media. Devo inoltre rilevare che nel bilancio Bpl si legge che nel 2004 non si è fatto ricorso all'emissione di prestiti obbligazionari a causa degli spread penalizzanti ricorrendo perciò a fonti alternative di funding. Nella realtà il 2004 è stato uno degli anni migliori nella storia per emettere obbligazioni». «Nessuno mi ha detto niente», conclude Sentance, «sino a quando il 21 febbraio 2005 ho pubblicato lo studio sulla Bpl. A seguito della sua comparsa sul sito della Consob e della Borsa italiana, il 14 marzo 2005 ho ricevuto la lettera di licenziamento».

Il grande scalatore

In una relazione della divisione Emittenti e ufficio Opa della Consob (Commissione nazionale per le società e la borsa) firmata dal responsabile Giuseppe Cannizzaro, datata 4 luglio 2002 e spedita anche alla Banca d'Italia, viene delineato il singolare metodo adottato da Giampiero Fiorani per conquistare le banche. Nel mirino della Consob la scalata alla Banca Popolare di Crema. Lo schema è molto simile a quello che sarebbe stato utilizzato piú tardi per tentare di acquisire Antonveneta: elargire cospicui finanziamenti a un gruppo selezionato e fedele disposto ad acquistare le quote azionarie.

Nel caso di Crema, la Consob si era mossa sulla base di quattro esposti: il primo della società Kralica Mira, domiciliata a Montecarlo, che il 28 maggio 2002 aveva denunciato come il mancato intervento da parte degli organi di vigilanza avesse favorito «la definitiva sparizione, a danno dei piccoli soci, di almeno 216 miliardi di lire, impedendo il recupero dei dividendi parcheggiati in Svizzera».

Il secondo esposto era firmato da un cliente palermitano della Banca Mercantile Italiana spa (Bmi). Il cliente denunciava di essere stato «invitato a sottoscrivere ingenti quantitativi di azioni Bpl su consiglio del direttore della propria agenzia, nonché di essere venuto a conoscenza che la Bmi e la Bpl davano fidi per svariati miliardi a clientela privilegiata, finalizzata all'acquisto di azioni Lodi, senza alcuna garanzia, a buone condizioni e solo con il pegno dei titoli dopo l'acquisto realizzato con il fido concesso.

Secondo l'esponente, le operazioni miravano a far lucrare notevoli guadagni a quei clienti privilegiati che rivendevano le azioni Bpl a un prezzo piú elevato. Prezzo elevato al quale, invece, venivano fatte sottoscrivere le azioni acquistate dai piccoli investitori, che subivano altrettanto notevoli perdite a causa dei prezzi sensibilmente piú bassi che le azioni facevano poi registrare.

Il terzo esposto, datato 11 giugno 2002 e inviato dal Libero Comitato Soci della Bpl, fa riferimento a una precedente denuncia inviata alla Banca d'Italia il 22 novembre 2001. Nel documento si contestava lo spregiudicato comportamento di Fiorani e di alcuni suoi compagni di cordata a danno della maggioranza dei soci e a vantaggio di pochi. Si segnalava, inoltre, che il consiglio, il comitato esecutivo, il comitato di controllo e il collegio sindacale della Bpl non avevano verificato se presso la Summa di Lugano esistessero o fossero esistiti dei rapporti con rilascio delle garanzie mai deliberate dalle banche a firma Fiorani a nome di Bpl o Bmi o di Fiorani direttamente. Infine si chiedeva di sapere chi avesse intascato le plusvalenze sui titoli Banca Popolare di Crema presso la Summa di Lugano.

L'ultimo esposto, trasmesso anche alla Banca d'Italia, è di un certo signor Cerea, il quale riferisce di aver ricevuto un incarico professionale avente a oggetto: «l'acquisizione in proprietà, da parte della Bpl, del 51 per cento del capitale sociale della Banca Popolare di Crema». Grazie a questi esposti, quindi, già tra il 2001 e il 2002 la Banca d'Italia aveva modo di conoscere il «sistema Fiorani».

I bilanci scremati di Crema

«La Banca che migliora le banche» è il motto della Banca Popolare di Crema, che dal 1994 al 2000 ha sempre registrato bilanci in crescita.

La Cassa e disponibilità, che nel 1994 era pari a 5,156 milioni di euro era raddoppiata passando a 10,214 nel 2000; i crediti verso la clientela da 599,390 a 1.030,040; il totale dell'attivo da 1.628,205 a 2.237,166; il capitale e riserve da 221,040 a 296,739; i margini di intermediazione da 66,276 a 96,598; i titoli in custodia da 1.103,295 a 1.555,087.

Tutte queste voci di bilancio segnano una drastica diminuzione nel biennio 2000-2001, sotto la nuova gestione della Banca Popolare di Lodi: si riduce la Cassa e disponibilità che passa da 10,214 a 3,053 milioni di euro; si dimezza il totale dell'attivo da 2.237,166 a 1.121,508, come i titoli in custodia che passano da 1.555,087 a 675,926.

Tali cifre, che farebbero sobbalzare dal banco anche il piú distratto studente del primo anno di ragioneria, sono passate inosservate agli occhi degli ispettori della Banca d'Italia, almeno a partire dal 2001.

Le mani nelle tasche dei correntisti

Pochi lo sanno, ma gli istituti di credito hanno la facoltà di variare le condizioni contrattuali stipulate con i clienti con un semplice avviso in Gazzetta Ufficiale. Utilizzando tale norma capestro, il 28 dicembre 2004 il ragionier Fiorani rese note variazioni peggiorative contrattuali a carico della generalità dei suoi correntisti, che sarebbero scattate 3 giorni dopo, il 1° gennaio 2005. Ecco il contenuto del tardivo pacco natalizio confezionato dal ragioniere di Lodi a tutti i clienti della sua banca: «Commissioni di urgenza: euro 50; recupero spese postelegrafoniche: euro 40; recupero spese amministrative: euro 35».

Migliaia di correntisti del Gruppo Bancario Banca Popolare di Lodi si vedevano addebitati questi importi per centinaia di euro sull'ultimo estratto conto, senza alcuna spiegazione, né a fronte di servizi richiesti: in risposta a questo tentativo di ficcare le mani nelle tasche dei clienti, l'Adusbef presentò il 12 febbraio 2005 diversi esposti-denunce a dieci Procure della Repubblica (tra le quali Lodi, Milano, Roma, Lucca, Pisa, Pescara, Chiavari), chiedendo di accertare se il comportamento del Gruppo Bancario Popolare di Lodi non potesse configurare illeciti penalmente rilevanti: «Di fronte ad una prassi delle banche italiane, che inseriscono costi e addebiti di decine di euro mai concordati in precedenza... deve intervenire la magistratura per verificare se tali comportamenti non abbiano travalicato il Codice Penale».

L'Adusbef inviò un esposto anche al Governatore Fazio, che non aveva mai risposto (come è nella sua prassi) alle ripetute denunce inoltrate sulle attività di Fiorani & Soci: «Il Gruppo Bancario Banca Popolare di Lodi (Cassa di Risparmio di Lucca, Livorno, Pisa, Imola e Pescara, la Banca Popolare di Crema e Cremona, il Banco di Chiavari e le banche Popolari del Trentino, oltre alla capogruppo, all'Iccri ed Efibanca)», denunciava l'associazione, «ha applicato alla generalità dei correntisti non solo aumenti di prezzi, spese e commissioni, relativi a voci di costo già previste nei contratti in essere, ma nuove voci con conseguente modifica unilaterale al di fuori delle norme del Testo Unico Bancario». Anche in questo caso la dettagliata denuncia non fu degnata d'attenzione in Via Nazionale.

Arriva «Striscia la notizia»

Oltre a non suscitare l'interesse del Governatore Fazio, le denunce dei clienti e delle associazioni dei consumatori sul saccheggio dei conti correnti aperti presso la Banca Popolare di Lodi ebbero anche pochissimo spazio sui giornali. Trovarono invece ospitalità nel febbraio del 2005 nella trasmissione satirica di Antonio Ricci «Striscia la notizia», grazie ai servizi di Stefania Petix e Gimmy Ghione (i video sono ancora disponibili sul sito www.striscialanotizia.it).

Nel primo servizio della Petix, realizzato a Palermo, veniva intervistato un cliente che aveva ricevuto nell'estratto conto un addebito di 90 euro per spese mai effettuate. Un funzionario della Bpl di Palermo, interpellato dall'inviata di «Striscia», non era riuscito a dare alcuna spiegazione e aveva consigliato alla giornalista di rivolgersi a Lodi. Nel secondo servizio, girato proprio a Lodi, un ex funzionario della Banca, incappucciato per nascondere la propria identità, aveva testimoniato che la prassi scandalosa di addebitare servizi non resi veniva imposta dalla direzione centrale dell'istituto: «Ho lavorato per molti anni in tutta Italia», aveva raccontato l'ex funzionario, «e anche negli anni scorsi c'è stato l'ordine di imporre spese ai correntisti non correlate effettivamente ai servizi resi».

I dirigenti dell'Adusbef, intervistati a Roma da Gimmy Ghione, mostrarono ai telespettatori il facsimile della denuncia da inviare alla magistratura in caso di abusi da parte delle banche, e invitarono il Governatore Fazio a occuparsi della vicenda. Ancora una volta da Via Nazionale non giunse segno di vita, ma in compenso i siti Internet di Adusbef e di «Striscia» vennero letteralmente intasati da proteste e denunce di migliaia di correntisti. La trasmissione di Canale 5 istituí un apposito forum – «Striscia la Banca» – che diventò la cassetta della posta per migliaia di segnalazioni di addebiti per voci fittizie e fantasiose, mai richieste né previste dal contratto: dal «recupero spese amministrative» (35 euro) alle «spese postelegrafoniche» (30 euro) fino alle «commissioni d'urgenza» (50 euro).

I partecipanti al Forum decisero alla fine di autoconvocarsi a Lodi per protestare davanti alla sede centrale della Popolare di Lodi, in via Cavour. L'appuntamento per la manifestazione fu fissato per la mattina di sabato 26 febbraio 2005 alle ore

11,00. L'Adusbef, naturalmente, riportò la notizia e qualche giorno prima della manifestazione un solerte funzionario di polizia telefonò all'associazione, informando dei rischi che avrebbe comportato una manifestazione non autorizzata dalla Questura. Un tentativo di «disinnescamento» che andò a vuoto, in quanto la protesta, del tutto pacifica, si svolse ugualmente.

Salvate la banca padana

I parlamentari della Lega Nord sono stati spesso in prima fila nel denunciare il doloroso fenomeno del risparmio tradito nei casi Cirio e Parmalat. La Lega era anche stata tra le forze politiche che avevano appoggiato la proposta di commissione di indagine parlamentare sulla vicenda[4], e nel gennaio del 2005 un parlamentare leghista, l'onorevole Sergio Rossi, partecipò alle inziative delle associazioni dei consumatori per la riforma della legge sul risparmio.

Poi arrivò, improvvisa e inaspettata, l'inversione di marcia: il nuovo ordine di scuderia consisteva nel fornire un salvacondotto ai comportamenti del Governatore di Bankitalia Fazio. La capriola avvenne il 3 febbraio del 2005: quel giorno era in votazione alla Camera dei deputati la legge di riforma del risparmio, che depotenziava le norme bipartisan precedentemente approvate in Commissione Finanze ed Attività Produttive con il voto favorevole della Lega. In gioco c'erano questioni cruciali come il rafforzamento della Consob, l'abolizione della carica a vita del Governatore, il trasferimento dei poteri antitrust sulle banche da Bankitalia all'Autorità Garante della Concorrenza e del Mercato. Con un vero e proprio ribaltone la Lega si schierò con i protettori del Governatore, e la nuova legge fu uccisa nella culla. Erano i frutti, si scoprí piú tardi, del cosiddetto «patto dello Sciacchetrà»[5].

Cosa era successo? Lo ha spiegato Alberto Statera in una arguta analisi pubblicata il 7 febbraio 2005 su *Affari & Finanza*, nella rubrica «Oltre il Giardino». L'articolo s'intitola «Il cavaliere bianco in difesa della Banca Padana», e per chiarezza di esposizione e profondità di analisi merita di essere riportato integralmente:

«Il sussulto di nazionalismo del Governatore della Banca d'Italia Antonio Fazio a difesa dell'italianità delle nostre banche si è spinto fino alla Nazione Padana. Non perché i padani di Bossi minacciassero moneta alla mano, come gli olandesi o gli spagnoli, di voler scalare i nostri istituti di credito. Al contrario, perché avevano una certa urgenza di salvarsi dal disastro la Banca della Padania appioppandola all'Italia.

Lanciata tra i militanti nelle sezioni della Lega nel '98, in era secessionista, la Banca Popolare CredieuroNord[6] viene costituita il 21 febbraio 2000 e comincia a operare nel novembre 2001 con 2600 soci e 19 miliardi di capitale. Bastano un paio d'anni per farne un piccolo grande crack. Piccolo perché, per quel che se ne sa, si tratta di un buco di una decina di milioni di euro, grande per la gravità delle irregolarità nella gestione del credito trovate dagli ispettori della Banca d'Italia e per i nomi dei personaggi coinvolti. Primo Maurizio Balocchi, sottosegretario all'Interno e tesoriere della Lega, amministratore della banca e al tempo stesso debitore come amministratore unico della società BingoNet, fallita nel 2003. Poi una pletora di personaggi piú o meno illustri della Lega entrati in Consiglio d'amministrazione in varie fasi, tra i quali i sottosegretari Alberto Brambilla, Stefano Stefani e Giancarlo Giorgetti.

Per tamponare il fallimento leghista, che lascia tremila soci (ex) militanti imbufaliti, era stata officiata la Popolare di Milano che, visti i conti, è scappata a gambe levate. A questo punto compare il cavaliere bianco [Fiorani, *nda*] che si prende il crack della Lega con la benedizione di Fazio, che se non riuscirà a bloccare l'orda d'oltralpe, avrà almeno placato in nome dell'italianità il secessionismo padano e convinto i leghisti a votare contro il mandato a termine del Governatore, come ha già promesso il ministro Maroni.

Molti si chiedono non solo perché Fazio ha piú paura degli stranieri che dei palazzinari e dei discussi finanzieri alla Chicco Gnutti e alla Giovanni Consorte che infestano le banche, ma anche perché ha scelto il ragioniere di Codogno come gendarme dell'italianità. E fioccano le leggende metropolitane, spesso troppo italiote per essere del tutto autentiche. Come quella del ruolo di consigliere spirituale ma anche finanziario di don Luigi Ginami, giovane prete mondano che ha celebrato il matrimonio della figlia di Geronzi e l'anniversario di matrimonio di

Fazio, meritando un articolo encomiastico su *Bipielle Magazine* firmato Maria Teresa Fazio, la figlia del Governatore.

Un po' poco per spiegare il ruolo del ragionier Fiorani e dei palazzinari finanzieri che nei consigli delle banche sono l'incarnazione dei conflitti d'interessi e vanificano le norme antitrust che la Banca d'Italia deve far rispettare. Il minicrack della Banca della Lega è l'epitome di ciò che sta avvenendo nel sistema bancario italiano, in una confusa fase di riallocazione d'interessi, che qualche giorno fa ha visto anche un'irrituale intesa tra il Governatore e il presidente del Consiglio».

I guai di Ricucci

Sono passati pochissimi mesi da quando lo scalatore – solitario? – Stefano Ricucci, a bordo del suo panfilo, rilasciava baldanzose interviste agostane con la sicumera di riuscire a scalare il *Corriere della Sera*. Oltre ai guai giudiziari – il Gip di Milano, Clementina Forleo, gli ha rinnovato l'interdizione dai pubblici uffici dopo averla revocata agli altri suoi compagni di cordata, Boni, Gnutti e Fiorani – si addensano altre nuvole sull'ex odontotecnico di Zagarolo. I magistrati di Milano gli contestano la somma di 39 milioni di euro proveniente da un conto personale di Sergio Billè presso la Banca Esperia e transitata attraverso la Garllson, sua società off shore, come anticipo per l'acquisto di un immobile a Roma del valore di 60 milioni di euro destinato a sede della Confcommercio. Ricucci è anche accusato di aver fornito segretamente a Fiorani un telefonino svizzero non intercettabile.

E Fazio disse: «io non sbaglio mai»

In una intervista rilasciata all'inviata di *Repubblica* Elena Polidori e pubblicata il primo agosto 2005, all'indomani della pubblicazione della prima tranche delle intercettazioni telefoniche disposte dalla Procura di Milano, il Governatore afferma testualmente: «Io non sbaglio mai. Quando una decisione è presa, è presa. Non torno mai indietro. Non ho commesso errori». Fazio, arrivato sabato sera tardi ad Alvito dopo aver firmato il discusso provvedimento di sospensione dell'Opa di Giampiero Fiorani su Antonveneta, va a messa nella chiesa di Sant'Anna e dopo cerca di convincere l'inviata di *Repubblica* di essere l'unto del signore, e in virtú di tali sovrannaturali poteri di avere il dono dell'infallibilità.

Abituato ad autogiudicarsi ed autoassolversi, il Governatore ha cercato di convincere anche i colleghi della Banca Centrale Europea di non aver sbagliato e di non aver discriminato la Abn Amro nella scalata ad Antonveneta. Senza però riuscirci. La Bce, infatti, in un rapporto anticipato l'11 ottobre 2005 da un quotidiano economico non sembra aver prese per buone le dichiarazioni di neutralità rilasciate da Fazio.

Secondo la Banca Centrale Europea, il Governatore di Alvito non ha rispettato le istruzioni di vigilanza della stessa Bankitalia, i principi di Basilea 2 e due direttive bancarie comunitarie. Si è reso colpevole di una disparità di trattamento tra l'Opa su Antonveneta presentata da Bpi e quella presentata da Abn Amro e, infine, non ha operato secondo i principi di una sana e prudente gestione del credito, basando le autorizzazioni al ragionier Fiorani sui criteri dell'«amicalità». Dai colleghi di Francoforte giungono, dunque, accuse gravissime che, mentre scriviamo, non hanno ancora provocato alcun atto conseguente di dimissioni. Il Governatore, come ha scritto recentemente il *Financial Times*, appare attaccato alla poltrona come una cozza allo scoglio.

La difesa del Governatore

Nelle 11 pagine di una memoria difensiva presentata alla Procura di Roma il 10 ottobre 2005 e definita dall'Adusbef patetica, contraddittoria e surreale, Fazio ha attaccato la vigilanza interna – i servizi diretti da Clemente e Castaldi che avevano negato l'autorizzazione –, la Consob – che aveva scovato i cosiddetti «concertisti» –, gli olandesi della Abn Amro – che avevano osato mettere in discussione il diniego all'Opa – e tutti coloro che non avevano condiviso il suo azzardato piano di concedere l'autorizzazione a una «banchetta di provincia».

Sfidando il senso del ridicolo, Fazio afferma: «Ho ritenuto mio dovere istituzionale concedere l'autorizzazione richiesta dalla Bpi... autorizzazione, peraltro, corredata da un serie di rigide prescrizioni attuando uno strettissimo monitoraggio sulle iniziative di patrimonializzazione della Popolare di Lodi».

Usando un linguaggio criptico, come quello utilizzato di consueto per stupire senza farsi capire, Fazio aggiunge che «il Servizio di Vigilanza ha operato la sua "verificazione"», in seguito alla richiesta della Popolare di Lodi nel febbraio e nell'aprile 2005, «al fine di ottenere l'autorizzazione a superare le soglie di partecipazione del 15 e del 20 per cento, fino al limite del 29,9 per cento». Tanto che l'11 luglio il Governatore ritenne suo «dovere istituzionale» autorizzare Fiorani – comunicandoglielo al telefono e ricevendo in cambio «un bacio in fronte» – ad acquisire una partecipazione superiore al 50 per cento dell'Antonveneta, nonostante le procure già indagassero sul banchiere di Lodi e sul capo della Vigilanza Francesco Frasca.

Ma la parte delle dichiarazioni di Fazio che rende comica e surreale la telenovela estiva, riguarda la difesa dell'italianità delle banche. Mai rivendicata, dice il Governatore. Le riserve sul progetto industriale elaborato da Abn Amro – un colosso del credito rispetto ad una banchetta di provincia – «nulla hanno a che vedere con una mia pretesa aspirazione alla tutela dell'italianità delle banche».

Peccato, in tutto ciò, che i due funzionari con la schiena dritta, Clemente e Castaldi, non avessero dato parere favorevole all'Opa Bpi su Antonveneta per carenza di requisiti patrimoniali, e che tale diniego sia stato aggirato da pareri richiesti a esperti piú in sintonia con il Governatore.

Governo colluso o impotente?

Il governo, a parole, ha sfiduciato Fazio. Lo stesso presidente del Consiglio Berlusconi, in occasione dell'avvicendamento tra il ministro Domenico Siniscalco e Giulio Tremonti al dicastero dell'economia, affermò di non avere fiducia nel Governatore. Eppure, è lo stesso governo a offrirgli una scialuppa di salvataggio, approvando al Senato in seconda lettura l'11 ottobre 2005 la legge di riforma del risparmio, che lascia inalterati i poteri antitrust sulle banche a Bankitalia e la carica del

Governatore. Fazio potrà restare a Via Nazionale fino a quando lo desidera.

È possibile che non si possa smuovere dalla sua poltrona il Governatore? In una recente intervista, l'ex presidente della Repubblica Francesco Cossiga, seppure «amico del Governatore», ha accusato senza mezzi termini il governo di dilettantismo e di scarso senso delle istituzioni. «Fosse stato Lei a Palazzo Chigi, come avrebbe risolto il caso Fazio?», ha chiesto il giornalista a Francesco Cossiga. «L'avrei chiamato e l'avrei pregato di dimettersi. Cosí come feci con il presidente dell'Eni per lo scandalo Petromin [Giorgio Mazzanti nel 1979, *ndr*]. Lo chiamai alle 8 e gli dissi: «Questa è la lettera di dimissioni. Si dimetta perché alle 9 ho Consiglio dei ministri». Allo stesso modo avrei chiamato il mio amico Fazio: «Antò, tu hai fatto tutto bene, ma in politica conta l'opinione pubblica, interna e internazionale. Noi a un pestaggio quotidiano di *Financial Times*, *Wall Street Journal* ed *Economist* non possiamo resistere. Allora, o ti dimetti o faccio approvare un decreto legge, che allinea al resto del mondo e d'Europa la nomina e la revoca del Governatore e l'indomani convoco il Consiglio dei ministri e ti faccio fuori».

7. La stagione dei crack

Il primo crack finanziario-industriale scoppia nei primi giorni del novembre 2002, quando il gruppo Cirio guidato da Sergio Cragnotti, potente patron della società sportiva Lazio, non riesce a rimborsare una obbligazione da 150 milioni di euro. Ecco come, in due comunicati stampa datati 8 e 19 novembre 2002, Adusbef descrive quel crack annunciato.

«La situazione finanziaria della Cirio, come per le altre analoghe circostanze che si sono verificate in Italia, era ben nota agli "addetti ai lavori": gli elevati debiti del gruppo verso le banche e gli altri finanziatori pari a quasi 2.500 miliardi di lire al 30 settembre 2001, le perdite elevate nel bilancio, dovevano attivare i riflettori delle autorità di controllo. Ma cosí non è stato! L'annuncio del mancato rimborso di 150 milioni di euro agli obbligazionisti, la fiducia prima accordata dalle banche poi inspiegabilmente ritirata per "mancanza di efficaci garanzie", rischia di provocare la bancarotta di un gruppo importante con società quotate e travolgere i piccoli azionisti; le stesse banche, che non sembra abbiano brillato in trasparenza per le precedenti concessioni del credito in tema di meritorietà del credito stesso; i sottoscrittori delle obbligazioni, soprattutto la clientela "retail", che risulta abbia sulle spalle la maggior parte del miliardo di euro di bond in circolazione.

Mentre negli Stati Uniti il caso "Enron" ha portato ad una decapitazione della Sec (l'organismo di controllo della Borsa), ad arresti eccellenti con manager alla sbarra chiamati a risarcimenti miliardari, ad un inasprimento della normativa sul falso in bilancio con pene minime detentive di 12 anni di carcere, ad un ricambio dei vertici delle società di certificazione, in Italia i maggiori responsabili della Autorità vigilanti, anche dopo il nostro "caso Enron" com'è stato l'"affaire Bipop-Carire", siedono indisturbati al loro posto se non premiati con progressioni di carriera, mentre il Governo è arrivato a depenalizzare il reato di falso in bilancio, per dare il "cattivo esempio" e autoassolversi. Con quali criteri le banche hanno concesso i precedenti crediti, non rinnovati oggi per "mancanza di efficaci garanzie" alla Cirio Finanziaria? Come si è arrivati alla quotazione in borsa della Società Sportiva Lazio, controllata dalla Cirio e dal presidente Cragnotti? Come è stato possibile arrivare a far sottoscrivere oltre 2.000 miliardi di vecchie lire in obbligazioni facenti capo alla Cirio? Qual è stato il ruolo di Banca d'Italia, Consob, società di revisione e Collegio sindacale, in una vicenda che, qualora non risolta tempestivamente – come Adusbef auspica – rischia di addossare l'insolvenza sulle spalle di migliaia di risparmiatori e azionisti investitori?

La gran parte delle obbligazioni Cirio (che Adusbef stima in oltre 35.000) per un controvalore di 2.178 miliardi di vecchie lire (1.125 milioni di euro), erano destinate agli "investitori istituzionali" e non ai semplici risparmiatori, proprio per questo erano state esentate dall'obbligo del prospetto informativo sulla rischiosità dell'investimento.

Due finanziarie del gruppo, Del Monte Finance Lux Sa e Cirio del Monte Nv, secondo *Il Sole 24 Ore* hanno emesso la maggior parte dei prestiti obbligazionari (tre bond da 175 milioni di euro) facendoli collocare alle banche affidatarie del Gruppo Cirio. Il ricavato è stato prontamente incamerato dalle banche creditrici, che in tal modo hanno addossato ai risparmiatori gran parte dei futuri rischi» . Ancora una volta né i controllori, né le autorità vigilanti, si sono accorti preventivamente di ciò che sarebbe accaduto, lasciando che banchieri spregiudicati giocassero liberamente sulla pelle dei piccoli risparmiatori e del mercato.

Nel settembre 2005 i commissari Cirio-Del Monte hanno chiesto ai giocatori della Lazio il rimborso dei premi elargiti per il campionato di serie A 2000, anno in cui la Lazio di Nesta e di Crespo vinceva lo scudetto, proprio mentre la Società Cirio, sua controllante, chiudeva i conti con i peggiori risultati di bilancio dal 1997. Il debito netto della Cirio arrivava infatti a 766,5 milioni di euro, 2,2 miliardi di euro il debito lordo, un risultato operativo in passivo per 78,6 milioni, una perdita netta di 80,6 milioni di euro. Per ripianare i debiti, veniva ideato il sistema dei bond, prestiti obbligazionari da rifilare a ignari risparmiatori. La prima emissione, da 150 milioni di euro, viene curata da JP Morgan e Ubm (Unicredit) mediante una scatola semivuota, la Cirio Finance, domiciliata in Lussemburgo. Altri 150 milioni di euro, stessi collocatori, nel novembre 2000.

In tre anni le quotazioni di titoli del debito continuano a salire, tanto che a fine 2001 l'esposizione verso le banche scende a 551 milioni di euro, mentre quella verso gli obbligazionisti, inesistente fino al 1999, sale a 729,3 milioni di euro. A fine settembre 2002, in occasione della trimestrale, i debiti finanziari di Cirio ammontano a 1,326 miliardi di euro, dei quali ben 1,125 miliardi nei confronti degli obbligazionisti, con i restanti da dividere tra interessi non pagati e le banche. Dal piano di ristrutturazione presentato nel 2003 emerge che l'esposizione verso il sistema bancario, pari a 873 milioni di euro nel dicembre 1999, è miracolosamente sceso a 125,5 milioni su un totale di 429 milioni. La sapiente opera dei consulenti, Abax Bank (Credem), Ubm (Unicredit) e Caboto (Intesa), ha consentito al gruppo Cirio e alle banche creditrici di «riposizionare» il debito dal breve al lungo periodo, trasferendo l'esposizione dagli istituti di credito a ignari pensionati.

Addossare gli allegri crediti concessi dalle banche al gruppo Cragnotti sulle spalle di 35.000 risparmiatori fu un vero capolavoro, favorito dal mancato intervento dell'ufficio di Vigilanza della Banca d'Italia, all'epoca diretto da Bruno Bianchi, uno degli uomini dell'entourage del Governatore Fazio. La Vigilanza non registrò il disinvolto comportamento di primarie banche (San Paolo di Torino, Intesa, Unicredit) che per le Procure di mezza Italia configurava pesanti reati penali.

Il grande assolutore

Quando finalmente si decide a intervenire, il Governatore Fazio circoscrive lo scandalo sui bond con voce solenne, affermando che il crack Cirio è l'unico default italiano sui 32 registrati in Europa, mentre i titoli non rimborsati ai risparmiatori rappresentano soltanto lo 0,05% degli investimenti familiari. Magra consolazione per i 35.000 risparmiatori incappati nello scandalo Cirio e per i 475.000 italiani che avevano sottoscritto bond argentini seguendo i cattivi consigli delle banche. «Gli accertamenti della Consob e della Banca d'Italia», dice Fazio, «sono in fase avanzata e, in caso di violazioni, faranno seguito le necessarie iniziative. Dai primi riscontri, però, emerge che la maggior parte delle operazioni sono state realizzate nel rispetto della legge».

Ma la tesi assolutoria del Governatore Fazio, oltre a essere smentita dalle Procure della Repubblica, è stata smontata e ridicolizzata dalla Consob, che il 10 marzo 2005 proponeva al ministro dell'Economia richieste di sanzioni a carico degli amministratori delle banche che avevano piazzato, oltre ai bond argentini, i «Cirio-bond bidone» a 35.000 risparmiatori.

Le banche che hanno commesso violazioni in relazione al collocamento delle obbligazioni Cirio sono: Banca Intesa (comprendendo anche Comit, Cariplo e Banco Ambrosiano Veneto, confluite in Banca Intesa), Sanpaolo Imi, Capitalia, Banca Nazionale del Lavoro, Banca Agricola Mantovana (ora Mps), Banca Antoniana Popolare Veneta, Cassa di Risparmio di Torino (ora Unicredit), Credito Emiliano, Banca Popolare di Ancona, Cassa di Risparmio di Firenze.

La lista dei multati

Scorrendo l'elenco delle sanzioni per 10 milioni di euro a carico del gotha bancario e industriale italiano per la vendita dei bond bidone Cirio, nel tentativo di salvare l'ex impero di Sergio Cragnotti quando già era sull'orlo della bancarotta, si scopre anche l'ex presidente della Consob, Enzo Berlanda. Tra le alte sfere delle quattro maggiori banche italiane non compaiono solo Pietro Modiano, direttore generale del Sanpaolo Imi, e Matteo Arpe, amministratore delegato di Capitalia. Ci sono anche molti altri. Si va dalla ex Banca di Roma a Carifirenze, da Ambroveneto-Cariplo e Comit – oggi confluite in Banca Intesa – a Unicredit (per la Cassa di risparmio di Torino), dalla Banca Popolare di Ancona al Sanpaolo Imi, fino a

Banca Nazionale del Lavoro, Banca Agricola Mantovana, Credem, Antonveneta. In totale 392 multe, proposte dall'autorità di controllo della Borsa e comminate dal ministero del Tesoro. Unicredit con oltre un milione di multa è la piú tartassata.

L'elenco è ricco di nomi importanti. Giovanni Bazoli, Corrado Passera e Luigi Lucchini per Banca Intesa. Per Unicredit Alessandro Profumo e Carlo Salvatori, quest'ultimo consigliere in quattro Cda e per questo chiamato a pagare la somma piú elevata (116.600 euro). Il presidente del Sanpaolo Imi Enrico Salza, l'amministratore delegato Alfonso Iozzo e l'ex numero uno Rainer Masera (52.600 euro, la singola multa piú alta). Cesare Geronzi per Capitalia. L'attuale presidente di Bnl Luigi Abete e l'ex direttore generale Davide Croff, oggi alla guida della Biennale di Venezia. Il presidente del Gruppo Telecom, Marco Tronchetti Provera (Intesa), l'ex Ad di Rcs Maurizio Romiti (Intesa), il presidente del Monte dei Paschi di Siena Pierluigi Fabrizi (Bnl), Ferruccio Ferragamo, patron dell'omonima casa di moda (Cassa di Risparmio di Firenze), il proprietario della Piaggio Roberto Colaninno (Banca Agricola Mantovana), Gilberto Benetton (Banca Antoniana Polare Veneta). Elio Catania, numero uno delle Fs (Bnl). Emilio Botin, presidente del Banco di Santander, Gabriele Galateri, presidente di Mediobanca, Luigi Arcuti, ex numero uno dell'Imi (Sanpaolo). Tra i consiglieri di Capitalia, il costruttore Alfio Marchini e l'ex patron della Parmalat Calisto Tanzi. E poi ancora Fabio Arpe (Credito Emiliano) e Alessandro Benetton (Bnl). Tra i torinesi anche il professore di Economia Mario Deaglio, il designer dell'auto italiana Sergio Pininfarina, GianMaria Gros Pietro, l'ex sindaco di Torino e ministro Valerio Zanone, Luigi Rossi di Montelera e l'ex presidente della Camera di Commercio Giuseppe Picchetto, tutti con un passato in Unicredit. Infine l'industriale del cemento Carlo Pesenti e Giovanni Perissinotto, già direttore generale delle Assicurazioni generali, entrambi nel Cda di Intesa. Le multe riguardano l'emissione dei bond Cirio e per Banca Intesa anche la vendita di obbligazioni argentine. Le autorità competenti – si legge nel bollettino Consob – «hanno ritenuto di poter procedere all'applicazione delle sanzioni amministrative pecuniarie, nei termini di cui alla proposta, la quale tiene conto della gravità obiettiva di ciascuna infrazione accertata, della carica sociale ricoperta da ciascun esponente e della permanenza nella stessa e dell'eventuale ravvedimento operoso». Sanzioni che vedono obbligata in solido la banca a cui, infatti, è stata inoltrata l'ingiunzione di pagamento. Le regole della sollecitazione al pubblico risparmio infrante sono cinque, e riguardano i mancati controlli interni, la non corretta negoziazione dei titoli, la vendita in conflitto di interessi, la mancata valutazione del rischio e la cessione di prodotti finanziari non adeguati al profilo degli investitori.

Il Governatore sconfessato

L'assoluzione delle banche da parte del Governatore Fazio viene smontata anche dalle indagini dei magistrati della procura di Roma, che chiudono l'inchiesta sul crack Cirio depositando il capo di imputazione per 45 persone. Tra gli indagati nell'inchiesta romana, oltre all'ex patron di Cirio Sergio Cragnotti e suo genero Filippo Fucile, vi sono funzionari di Capitalia e di Banca Intesa. La società di revisione Deloitte e Touche è citata sotto il profilo della responsabilità civile, limitatamente alle relazioni di revisione contabile redatte nel 2002 in merito ai bilanci 2001. I magistrati ipotizzano in particolare «un illecito trasferimento di risorse finanziarie dalla Cirio Holding Spa e da Cirio Finanziaria Spa, che nel 2003 furono dichiarate insolventi dal tribunale di Roma, nonché da Cirio Holding Luxembourg e dalla Del Monte Finance Luxembourg e Cirio Finance Luxembourg, anch'esse dichiarate insolventi nel novembre 2003, in favore di soggetti terzi tra i quali le società controllanti Cragnotti & Partners con sede all'estero». Tutto ciò determinava «una illiquidità cui si faceva fronte con ricorso sempre piú massiccio al credito di terzi, mentre proseguiva l'espansione del gruppo anche all'estero con acquisizioni in settori non sinergici e non profittevoli». A ciò «si accompagnava la cessione del settore latte aggravando l'indebitamento verso le banche in parte sostituito a cominciare dall'anno 2000 con l'indebitamento verso il mercato del risparmio in Italia, con nove emissioni obbligazionarie per complessivi 1.125 milioni di euro».

Bipop-Carire, la madre di tutti i crack

Il 17 ottobre 2001, dopo precise e documentate informazioni ricevute sulla spregiudicata gestione della Bipop-Carire – la banca fiore all'occhiello della nuova economia che capitalizzava piú della Fiat – il rappresentante legale dell'Adusbef fu interrogato a Brescia dal sostituto procuratore della Repubblica Silvia Bonardi in merito all'esposto-denuncia che aveva provocato l'apertura delle indagini. Nel mirino, i conti privilegiati per alcuni vip, un comitato occulto che condizionava le decisioni del consiglio di amministrazione, i prestiti a gogo tra i membri del consiglio.

Dopo una istruttoria durata piú di tre anni, i pm bresciani Silvia Bonardi e Antonio Chiappani accusarono 32 manager della Bipop-Carire di avere «sistematicamente omesso e occultato» la verità dei conti alle autorità di controllo. Prima dello scandalo, la Banca d'Italia aveva condotto un'ispezione senza aver portato alla luce alcuna grave anomalia. Eppure Via Nazionale – è stato accertato – era a conoscenza della disinvolta gestione Bipop-Carire almeno sette mesi prima del crollo: l'11 aprile 2001 il vertice della Vigilanza di Bankitalia aveva incontrato, in presenza dell'ex capo della Vigilanza Consob, tre ex consiglieri reggiani della banca senza che venisse presa alcuna decisione.

Queste le principali cifre del disastro Bipop-Carire contenute nelle accuse della procura di Brescia, a corredo della prima udienza svolta il 13 gennaio 2005:

1) 10,7 miliardi di euro il costo complessivo del crack (valori di borsa);

2) 73.500 i risparmiatori coinvolti tra azionisti e gestioni patrimoniali;

3) 2,58 miliardi di euro il valore quotidiano di rischiose operazioni speculative sui futures, eseguite dalla Bipop-Carire (oltre 5.000 miliardi di vecchie lire);

4) 536 milioni di euro il buco improvvisamente scoperto nei bilanci della banca a fine 2001;

5) 250 i clienti vip delle gestioni patrimoniali della banca, cui venivano garantiti elevati rendimenti per gonfiare la raccolta;

6) 490 i milioni di euro concessi nel 2001 senza garanzie a 10 tra clienti e amministratori della banca stessa;

7) 94 i milioni di euro erogati dalla banca nel solo giugno 2000 a una serie di clienti e amministratori, allo scopo occulto di acquistare azioni della Bipop-Carire per sostenerne il prezzo.

Parmalat: come ti brucio 20 miliardi di euro

Il crack di Collecchio ha coinvolto 135.000 risparmiatori (azionisti e obbligazionisti), per un controvalore di 20 miliardi di euro. Banche che incassavano provvigioni superiori a quelle di mercato per rifinanziare i vecchi bond, sindaci e revisori distratti, autorità di vigilanza (in primis Bankitalia, come rivela la perizia della dott.ssa Chiaruttini, consulente della Procura di Milano) che giravano la testa dall'altra parte. Ma anche forti protezioni politiche e intrecci tra potere giudiziario e banchieri nella ricca e opulenta città di Parma. C'è tutto questo nell'ascesa e caduta del re del latte Calisto Tanzi. Adusbef, come al solito, fu la prima associazione, assieme a Intesa consumatori, a denunciare agli inizi del dicembre 2003 a tre Procure della Repubblica (Roma, Milano e Parma) l'anomalia della Parmalat e a inserire sul proprio sito un fac-simile di esposto-denuncia da inviare alla Procura di Milano, per far sí che rimanesse nel capoluogo meneghino un processo che rischiava di venirle scippato.

La gola profonda Fausto Tonna[1], ex contabile e direttore finanziario del gruppo Parmalat, non era ancora stato interrogato dai magistrati di Milano e non aveva raccontato una storia che risaliva a 15 anni prima e le perdite coperte con il meccanismo delle società off-shore con base alle Antille. Non si sapeva nulla di carte manomesse e riprodotte al computer, poi distrutto a martellate, attestanti la falsa esistenza di 3,95 miliardi di euro. Né si sapeva delle dichiarazioni del Procuratore Capo di Parma, Giovanni Panebianco, che rivendicava la competenza a indagare due giorni prima di Natale, gelando l'inchiesta congiunta tra i magistrati emiliani e quelli milanesi[2].

Le indagini del tribunale di Firenze su Parma

23 dicembre 2003. La procura di Milano sta cercando di capire se oltre a Bonlat, Parmalat si servisse di altre società di comodo per coprire i suoi giri di denaro. Si sta anche cercando di far luce su che fine hanno fatto i soldi: se sono spariti o se in parte sono stati investiti in speculazioni sbagliate. Al termine degli interrogatori, i tre pm – Francesco Greco, Eugenio Fusco e Carlo Nocerino – si riuniscono per decidere come procedere nei giorni successivi. Nel frattempo, alcuni funzionari di Bank of America hanno presentato alla Procura una denuncia per falso in scrittura privata in merito al documento che attestava la presenza di 3,95 miliardi di euro in un conto della Bonlat, società off-shore della Parmalat, presso l'istituto americano. La denuncia viene presentata formalmente dal legale rappresentante.

Da quanto emerge, i vertici di Parmalat hanno utilizzato uno scanner per riprodurre sui documenti il logo della Bank of America, documenti contraffatti che i militari del nucleo provinciale della guardia di Finanza milanese hanno cercato di recuperare da un computer.

La dottoressa Stefania Chiaruttini è il consulente tecnico scelto dai tre pm della Procura della Repubblica di Milano. Nelle tre pagine di conclusioni di un suo rapporto lungo 443 pagine e fitto di cifre e documenti, si può leggere la frase: «The details sound like a bad mafia movie...», che è una citazione dal report di un analista di Bank of America a proposito della vicenda legata al fondo Epicurum.

Una storia quasi di «mafia» dunque? Un dissesto la cui maturazione è stata consentita dalla mancanza di trasparenza dei Principi Contabili in vigore nel nostro Paese? Cosí è sembrato caratterizzarsi l'incredibile esito della vicenda Parmalat agli occhi della comunità finanziaria internazionale: un intrigo tipicamente italiano, fatto di imbrogli e falsificazioni tanto grossolane da apparire incredibilmente efficaci.

Parfin (la finanziaria del gruppo Parmalat) è stata guidata per molto tempo da persone che hanno fatto ricorso ai piú disparati artifizi e raggiri per celare l'intrinseca debolezza e lo squilibrio di un gruppo indebitatosi nel tempo oltre ogni ragionevole limite. Ma tutto questo non avrebbe potuto verificarsi nel contesto di una comunità finanziaria attenta a preservare i valori di un sano mercato.

«Ci si augura di aver dimostrato, al termine del lavoro», si legge nella perizia in possesso dei magistrati milanesi, «che la reale situazione di Parfin non poteva non essere percepita come allarmante dagli operatori qualificati che avevano rapporti con la stessa, e ciò non attraverso sofisticati sistemi di controllo, ma attraverso il semplice esame dei dati disponibili e cioè: la lettura dei bilanci, delle periodiche informazioni al mercato, dei dati pubblici sui bonds e, per le banche operanti in Italia, della Centrale Rischi» (sistema di allarme sui conti di gruppi e imprese gestito da Bankitalia).

Questi dati fornivano in estrema sintesi il seguente quadro: Parfin faceva ricorso a un massiccio reperimento di mezzi finanziari attraverso l'emissione di bonds, pur dichiarando ingentissime disponibilità liquide. Tale contraddizione non appariva giustificata da ragioni di carattere finanziario, tenuto conto degli interessi passivi pagati e dagli interessi attivi che l'anzidetta liquidità avrebbe generato se fosse stata investita in titoli sostanzialmente privi di rischio, come sempre dichiarato dalla società; la Centrale Rischi e le banche dati (Bondware e Bloomberg) evidenziavano complessivamente un'esposizione debitoria superiore a quanto esposto nei bilanci; la Centrale Rischi evidenziava l'utilizzo di linee di credito autoliquidanti in misura largamente superiore al fatturato Parmalat, cioè la società finanziata da tali linee di credito: per anni infatti sono state scontate dal sistema bancario riba [ricevute bancarie, *ndr*] false per importi esorbitanti (almeno 3 miliardi di euro nel 2003).

Questi dati eclatanti – unitamente, quantomeno, all'assoluta inattendibilità di operazioni di riacquisto dei debiti obbligazionari contratti al solo evidente scopo di «far quadrare i conti» – non potevano non emergere in tutta chiarezza.

Si può quindi affermare, conclude la dott.ssa Chiaruttini, «che la tolleranza, ovvero la complicità di diversi operatori finanziari che hanno collaborato con Parfin, ha consentito l'artificiosa sopravvivenza in Borsa di un Gruppo da molti anni decotto, ma percepito, viceversa, dai piccoli risparmiatori come una entità solida ed affidabile».

La Procura della Repubblica di Milano, competente su Parmalat per il reato di aggiotaggio e false comunicazioni, ha già svolto numerose udienze (5 ottobre 2004, 29 ottobre; 30 novembre; 25 gennaio 2005; 11 febbraio; 16 febbraio, 22 febbraio, 23 febbraio, 22 marzo 2005, 28 settembre 2005), fissando ulteriore udienza al 2 dicembre 2005. Viceversa, la Procura di Parma, che indaga sul secondo troncone dell'inchiesta Parmalat – falso in bilancio, bancarotta ed associazione a delinquere – non ha ancora fissato la prima udienza.

I crack finanziari dall'ottobre 2001 al dicembre 2004

società	*default*	*miliardi di euro*	*n° risparmiatori*
Bipop-Carire	ottobre 2001	10,00	73.500
Bond Argentina	dicembre 2001	14,00	475.000
Bond Cirio	novembre 2002	1,25	35.000
My Way-For You	marzo 2003	2,85	190.000
Giacomelli	ottobre 2003	0,300	6.500
Parmalat	dicembre 2003	20,00	145.000
Finmatica	gennaio 2004	0,350	25.000
Finmek	maggio 2004	0,250	13.850
Cerruti Finance - Fin. Part-Olcese	luglio 2004	0,800	28.500
La Veggia Finance	novembre 2004	0,300	8.300
Totali	*10*	*50*	*1.000,650*

Fonte: elaborazioni Adusbef.

8. Telefoni bollenti

Tutte le conversazioni, riassunte nelle ormai famose 93 pagine dell'ordinanza applicativa di misura interdittiva firmata il 1° agosto 2005 dal Gip Clementina Forleo, gettano uno squarcio di luce sulle attività della cordata Gnutti-Fiorani-Ricucci-Fazio. Molti sono i passaggi chiave che coinvolgono direttamente il Governatore della Banca d'Italia Fazio, la moglie Cristina Rosati, Giampiero Fiorani e il capo dell'ufficio di Vigilanza Francesco Frasca.

La telefonata notturna tra Fazio e Fiorani

È martedí 12 luglio. Alle ore 00,12, Giampiero Fiorani riceve una telefonata dal Governatore della Banca d'Italia, al quale, a seguito della sua richiesta «ti ho svegliato?», risponde: «no, no, guarda sono qui a Milano ancora a parlare con i miei collaboratori...».

Allora il Governatore dice «va beh, va beh... Allora ho appena messa la firma eh». Fiorani ringrazia: «ah... Tonino, io sono commosso, con la pelle d'oca, io ti rin... Io ti ringrazio, io ti ringrazio... Tonino, io guarda, ti darei un bacio in questo momento, sulla fronte ma non posso farlo... So quanto hai sofferto, credimi, ho sofferto anch'io insieme alla struttura, ho sofferto con i miei legali e ti sono... Io prenderei l'aereo e verrei da te in questo momento se potessi guarda...».

I due interlocutori a un certo momento fanno riferimento a tale Gigi e al fatto che lo stesso per un po' non deve parlare piú della vicenda. Il Governatore afferma testualmente: «no, no, no, infatti va anche detto a Gigi, che adesso avvertiamo, di non parlarne, per un po' di giorni deve stare lontano da qua», trovando in questo concorde lo stesso Fiorani: «no, esatto, ci siamo capiti, bravissimo... perché poi ogni volta; era un messaggio per... io non volevo che il nostro rapporto personale fosse tale da influenzare in qualunque cosa, il rapporto era tuo, solo tuo e di questo il paese oltre a Giampiero ti saranno per sempre grati, veramente».

Il Governatore passa quindi a Fiorani il dottor Angelo de Mattia (ex segretario generale aggiunto della Fisac-Cgil e suo braccio destro), il quale gli riferisce che «domani verso le 9,00, 9,15... Diamo la notizia, dopo di che a te ti arriverà tramite Milano... Perché non poteva farsi diversamente, insomma deve arrivare... noi te la mandiamo per fax, gliela manderà la Vigilanza domani mattina...». Qualche minuto dopo, alle ore 0,19, Fiorani comunica a Gnutti la «bella notizia».

La Governatora rassicura Fiorani

Alle 21,40 di lunedí 27 giugno 2005 Cristina Rosati in Fazio, moglie del Governatore di Bankitalia, dice a «Giampi» (diminutivo di Giampiero, a denotare una familiarità fuori dal comune), di aver raccomandato al marito Antonio Fazio di richiamarlo.

Rosati: «Ma chiama subito [sottinteso: ho detto a mio marito, *nda*], va', perché tu, dico, mica mi puoi trattare cosí Giampiero, eh».
Fiorani: «Poverino tuo marito, fa le cose che devono fare... Veramente non se ne può piú, anche oggi una giornata ancora bruttissima Cristina... Ma no, perché questi maledetti (scusa il termine) della Consob mi hanno fatto ancora l'ennesimo ricatto, che abbiamo forse rimosso e abbiamo spostato, però... Con Cardia che personalmente dice "ma ci sto ripensando" dopo che tutti i suoi collaboratori avevano approvato per intero il nostro progetto (...) È come ammazzarti col piede e poi schiacciarti, allora io mi sono arrabbiato e ho detto: benissimo, allora chiamate il mio avvocato, facciamo una letteraccia pesantissi-

ma, contro Cardia, mettiamogli paura anche noi a questo punto e vediamo di passare anche noi all'attacco perché sono veramente stufo, stufo, stufo, guarda veramente stufo... Però improvvisamente loro davanti a questa minaccia allora alle sei mi tira fuori... Ma allora forse la causa l'ha rimossa, forse va bene... Insomma vigliaccate, Cristina, vigliaccate».

Vietato sbagliare

A questo punto del colloquio, la moglie passa il telefono a Fazio, che rassicura Fiorani indicandogli il riequilibrio dei coefficienti patrimoniali (perseguito dalla Bpi attraverso quelle che la procura ritiene finte cessioni di quote come alla Earchimede di Gnutti) come la mossa che potrebbe «risolvere tutto» ai fini del via libera di Bankitalia.

Fazio: «Guarda che stavo a scherzare quando ho detto che sono venuto in Ufficio per te».
Fiorani: «No, scusami no, ma Tonino mi spiace, anzi mi spiace da matti perché per colpa mia... Sai questi ulteriori disagi!».
Fazio: «Ma che colpa tua, vabbè... Va benissimo quello (incomprensibile)».
Fiorani: «Stavo raccontando che sono cose incredibili che hanno dell'inverosimile, cioè non è un paese questo dove si può... Non si può Tonino».
Fazio: (incomprensibile).
Fiorani: «No, pazienza, certo, certo, hai ragione e faremo l'impossibile per dare una risposta ferma... però ti par giusto che davanti a una nostra risposta minacciosa improvvisamente lui [Cardia, presidente Consob, *ndr*] è tornato sui suoi passi oggi e allora dice che il nostro prospetto va bene cosí... ma non può, non può un Paese cosí andare avanti a lavorare per minacce e basta, non si costruisce niente».
Fazio: «(incomprensibile) non bisogna sbagliare nessuna mossa adesso».
Fiorani: «No, infatti, guai... ma domani è importante (...) Ma non è programmato però di sentirlo Cardia, no, non pensavi di sentirlo?»
Fazio: «No, no, ma però ci penso io».

Fiorani: «Non è il caso...»
Fazio: «Tu vai avanti con quella cosa che...»
Fiorani: «Ok, domani facciamo anche quella, vedrai Tonino».
Fazio: «Ci son dei numeri molto buoni, insomma, ecco».
Fiorani: «E lo so, lo so, infatti».
Fazio: «Adesso non mi dire quello che... insomma bisogna andare avanti, ecco, va bene adesso, eh va bene?»
Fiorani: «Chiarissimo chiarissimo, grazie ancora».
Fazio: «Quello poi risolve... quello poi risolve tutto, va bene?».
Fiorani: «Ma è chiaro, siamo arrivati fino a qua, figurati, domani facciamo».
Fazio: «Va bene, appunto, se ci fosse quello va bene».
Fiorani: «E certo, grazie Tonino».
Fazio: «Stai tranquillo, ciao».

I sinistri presagi di Fiorani

Il 6 luglio 2005, un mercoledí, è il giorno in cui la Consob proroga al 22 luglio la data di scadenza dell'Opa Abn Amro su Antonveneta. Fiorani alle 13,11 chiama dalla sua automobile un collaboratore per far quadrare alcuni passaggi di verbali portati all'ultimo comitato esecutivo, inerenti contratti nuovi con Earchimede e Gp Finanziaria. Insieme a Gnutti, Fiorani attende con ansia la famosa firma di Fazio per l'Opa Bpl su Antonveneta. Alle 20,06 Gnutti contatta Fiorani. Questi gli riferisce che Frasca ha chiesto ancora qualche giorno per firmare, aggiungendo di aver sollecitato lo stesso Frasca ad intervenire anch'egli presso il Governatore:

Fiorani: «Poverino, domani c'ha ancora un interrogatorio con Toro [il magistrato Achille Toro della Procura di Roma, *nda*]. Gli ho detto: scusa Francesco [Frasca, *nda*], sei libero anche tu di dirlo al Governatore che è pericolosissima sta roba qua, di farlo stasera, insisti anche tu, sentendosi rispondere: "tranquillo la cosa la presidiamo, stai tranquillo, la presidiamo cosí"».
Fiorani aggiunge di essersi sentito nuovamente con Fazio: «Io quando stanotte ho detto: state qui stanotte, firmatelo stanotte, avevo i miei perché, avevo le mie previsioni. Avevo anche detto:

firmatelo stanotte, state qui, io fossi in te Tonino [Fazio, *ndr*], non manderei a casa nessuno, la firmerei stanotte la cosa».

Alle 20,10, Nicola Stabile, capo del team degli ispettori dell'ufficio di Vigilanza Bankitalia, telefona alla moglie e dopo averle riferito che domani dovrà lavorare, a seguito della specifica domanda della donna: «va bene... lí tutto tranquillo o sviluppi?...», risponde: «niente via... dopo te lo racconto. Invece mi hanno consegnato il rapporto oggi... tutti contenti».

L'aquilone Fiorani

Alle 20,30 Fiorani riceve una telefonata risultata intestata al Senato della Repubblica e parla con tale «Gigi», il quale a un certo punto passa il telefono alla Rosati che è con lui. Fiorani si lamenta con la donna del fatto che il marito non abbia ancora firmato l'autorizzazione, venendo tranquillizzata dalla stessa. I passi salienti della conversazione:

Rosati: «Oh che non mi vuoi piú bene».
Fiorani: «No, no».
Rosati: «Sono gelosa... sono gelosa».
Fiorani: «Tu adesso mi vieni a dire...».
Rosati: «Senti, tu adesso mi devi fare una promessa».
Fiorani: «Sí».
Rosati: «Devi, fino a domani, devi stare zitto, non parlà con nessuno. Sei in una botte di ferro, stai tran-quil-lo».
Fiorani: «Vedrai che non sarà cosí. Io non ho sbagliato, Cristina, non ho mai sbagliato».
Rosati: «Manco io ho sbagliato, manco io ho sbagliato, e lo sai bene».
Fiorani: «Stavolta abbiamo purtroppo un presentimento diverso mio e tuo... però di presentimenti, guarda».
Rosati: «Appunto, appunto, appunto Giampi, sí».
Fiorani: «Vedrai».
Rosati: «Guarda, qui non è solo, guarda è la reputazione di mio marito, di 40 anni di vita».
Fiorani: «Ma lo fanno fuori, Cristina, lo fanno, c'è qualcuno che vuole farlo fuori, Cristina...».

Rosati: «Ma lo so (...) Stai tranquillo, stavolta guardo io, e tu lo sai, figurati, ho provato».
Fiorani: «Lo so, lo so».
Rosati: «Davvero tutti i passi. Guarda io l'altra sera mi sono vista veramente persa, e lo sai, mi sono mossa tempestivamente».
Fiorani: «Poi hai scoperto che non c'era motivazione (...) Quello che è successo te lo dirà Gigi, è una cosa incredibile, cioè c'erano delle incomprensioni da parte della struttura... non solo, non ricevevano piú i miei... Ho dovuto, ho dovuto forzare la mano io con tuo marito e Diego (incomprensibile). A questo punto, Cristina, comunque pazienza, dai».
Rosati: «No, no, no, no, non ti voglio sentí parlare cosí... non stare arrabbiato... Io che fai, mi butto dal balcone domani?».
Fiorani: «No, no, ma perché tuo marito è talmente buono, tuo marito è talmente buono, è talmente, è talmente... sí».
Rosati: «No, no, ascolta, Titanic mica l'hanno fatto già due volte... non si buttano 40 anni dalla finestra. Ma guarda, io, io sono notti che non dormo neanch'io, ma non, io stasera guarda, chiamala pazzia, chiamala cosa, io stasera sono molto tranquilla, molto molto... quindi ci risentiamo caso mai piú tardi, tu c'hai quel numero che ti ho dato...». «Tu sei l'aquilone devi volare alto.»

Domani ti porto il versamento

Il 18 luglio Fiorani parla con la moglie di Fazio.

Fiorani: «Poi domani ti porterò il documento, il primo documento di versamento che t'ho fatto da... mmh, da noi e poi da anche altri che saranno fatti, su quel conto corrente di conto terzi, ricordi...».
Rosati: «Eh, poi questo ne parliamo perché... coso sí, va benissimo».

Telefoni intercettati

Il 14 luglio alle ore 11,30, la moglie di Fazio «chiama il Governatore che le comunica di aver intrattenuto una lunga telefonata con Fiorani, il quale è molto contento, ma la donna comunica che non passa piú da loro perché ha paura, aggiungendo che la sera prima anche Gigi Grillo era preoccupato». (Grillo è un senatore di Forza Italia, sostenitore di Fazio). «Va segnalato», aggiungono gli inquirenti, «che il Governatore comunica alla moglie di aver appreso che erano state disposte delle intercettazioni e che in particolare Fiorani era "sotto controllo". La moglie appare meravigliata dal momento che "quella persona, in contatto con l'onorevole... amico di Grillo" aveva riferito "cose completamente diverse"».

Una novità di rilievo, per il cuore delle indagini, arriva dalle deposizioni di uno dei due consulenti esterni grazie ai quali Fazio e il suo capo della Vigilanza, Francesco Frasca, aggirarono il no all'autorizzazione a Fiorani decretato dagli ispettori di Bankitalia Castaldi e Clementi.

Se infatti il professor Merusi si è «appellato al segreto professionale», il professor Ferro Luzzi il 14 luglio davanti ai pm «ammetteva di non aver mai letto l'atto della Consob e di non conoscere altri particolari della vicenda che invece avrebbero dovuto essergli comunicati, avendo a suo dire la Banca d'Italia abusato delle sue prestazioni professionali, per le quali non ha chiesto né ricevuto compenso».

Quei coglioni dell'Adusbef

Venerdí 8 luglio 2005 ore 20,36. Giorgio Cirla (manager Antonveneta) parla con Chicco Gnutti. Annota la Finanza: «Dopo aver parlato di Unipol, la conversazione procede e i due parlano di uno che è dovuto andare a Francoforte e sperano che quando ritorna non gli venga male alla prostata». Il discorso spiegano gli inquirenti, verte sull'autorizzazione che Fazio deve dare alla Banca Popolare di Lodi per l'Antonveneta, a meno che non subentrino inconvenienti, come «il male alla prostata». Cirla: «una volta ottenuta l'autorizzazione qualsiasi cosa da fare diventa un'arma spuntata, perché alla fine con la Banca d'Italia che avrà dimostrata la correttezza del tuo operato, alla fine questi di Roma archivieranno la denuncia di quei coglioni dell'Adusbef».

«Ognuno si firma quello che si sente»

Il 9 luglio 2005 alle ore 8,59 Frasca chiama Giovanni Castaldi (responsabile dei servizi Normativa e affari generali di Bankitalia) e, dopo aver appreso che il suo interlocutore si trova a L'Aquila, gli chiede: «La puoi vedere questa questione della popolare di Lodi», ricevendo dallo stesso la seguente testuale risposta: «Senti Francesco eh... dopo che abbiamo parlato con te il documento è stato firmato – ed è definitivo non ti è stato consegnato solo perché la segretaria era andata via, ce l'ha Claudia in cassaforte... Quello è un... quello è un documento che va in mano ai magistrati... ognuno si firma quello che si sente di sottoscrivere».

Gli autori del documento cui si riferiscono Frasca e Castaldi sono Castaldi stesso e Claudio Clementi (responsabile del servizio Vigilanza e controllo di Bankitalia).

Il documento mette in luce le debolezze strutturali della Bpl, e per questo motivo Frasca lo fa accompagnare da un suo rilievo scritto, in cui si spiega che i servizi di Vigilanza competenti non avrebbero tenuto nel debito conto il parere elaborato dal professor Fabio Merusi, che è invece favorevole alla banca di Fiorani. Il Governatore, con atto scritto, in pari data, concorda con la linea di Frasca e rimarca l'esigenza di richiedere ulteriori pareri a consulenti esterni.

Sempre dalle intercettazioni risultano i contatti di Frasca con lo studio Gambino e lo studio Ferro Luzzi. Interessante è la considerazione che fa tale Marino, interlocutore che Frasca sente piú volte nel corso della giornata: «Noo no no, se uno sa che lui ha questa idea [si parla di Ferro Luzzi, *nda*], con calma se lo fa fare lunedí anche lí le solite due, tre paginette alla Merusi e a quel punto hai tre pareri con quattro professionisti tutti di valore e il problema rimane quello procedurale...».

Fiorani chiama Gianni

Il 1° luglio Fiorani chiama a un telefono dell'Unipol un tale Gianni (Giovanni Consorte, *nda*). Gianni chiede al banchiere di dire «ai tre amici» che dovranno vendere all'Unipol al prezzo dell'Opa, «per poter rompere il fronte». Il 2 luglio Fiorani sempre a Gianni «parla della riunione con Ricucci, Coppola e Gnutti, e riferisce di aver fatto presente che è lui, il Gianni, l'«allenatore», e che quindi loro devono adeguarsi. Con Ricucci «ci vuole pazienza».

«Stamo a fa' i furbetti del quartierino»!

L'esistenza del patto occulto è provato oltre che da quanto sopra esposto, anche dalle ammissioni, a posteriori, dello stesso Ricucci, il quale nel corso di diverse telefonate dice che sarebbe stato molto meglio ammettere sin da subito l'esistenza del concerto. La lista a parte non sarebbe stata, a suo giudizio, una buona trovata, egli era contrario. «La cosa de, a lista famo la lista propria, famo tutte ste c…, che tanto non serve a un c… tutta sta roba, a niente, non serve a niente, a che serve... le liste proprie... quelle stamo a fa' i furbetti del quartierino».

A cena con Berlusconi[1]

La mezzanotte del 12 luglio è passata da una manciata di minuti. Al tavolo di un ristorante di Valeggio sul Mincio Emilio Gnutti, seduto con il premier Berlusconi, telefona a sua moglie ed esulta: «Il Governatore ha firmato un minuto fa e Berlusconi ha parlato in diretta con Fiorani». In effetti, pochi minuti prima Bankitalia ha dato il via libera all'Opa della Banca Popolare Italiana su Antonveneta. È la stessa notte della telefonata di Fazio a Fiorani e del «bacio in fronte» metaforico di questi al Governatore.

Dopo aver ricevuto la telefonata di Fazio, Fiorani chiama Gnutti, che è a cena con Berlusconi. Gnutti passa il telefono al premier, poi i due (Fiorani e Gnutti), riparlano tra loro.

Fiorani: «Ho sentito il Presidente (Berlusconi, *nota a lato*) commosso della cosa...».
Gnutti: «Gli ho detto che andremo avanti con Rcs e che ci deve dare una mano».
Fiorani: «Digli di chiamare il Number One (il Governatore di Bankitalia, Antonio Fazio, *nota a lato*).

Gnutti: «Gli ho detto (a Berlusconi, *nota a lato*) che se non ci dà una mano la sinistra prende tutto!».
Fiorani: «Ne parleremo domani a voce... la sinistra in questo momento ci ha appoggiati piú di quanto abbia fatto il Governatore».
Passano pochi minuti e da un altro telefono controllato parte una telefonata segnalata come «rilevante» nel brogliaccio.

12 luglio 2005, ore 0,29
Emilio Gnutti chiama la moglie Ornella.

Gnutti: «Ciao, sono a cena con Berlusconi, Lonati e c'è anche altra gente. Il Governatore ha firmato un minuto fa il via libera e Berlusconi ha parlato in diretta al telefono in diretta con Fiorani».

12 luglio 2005, ore 1,02
Gnutti chiama Giampiero Fiorani.

Gnutti: «È vero o sto sognando?».
Fiorani: «È vero. Perché o sono grandi imitatori che riescono a imitare la voce [quella di Fazio, *ndr*] altrimenti questo film ha funzionato veramente bene. Ha chiamato anche... i miei amici legali sono in conference call ma sanno che tutti coloro che hanno il piacere di... potranno dire che quel giorno c'erano anche loro e lo racconteranno ai loro figli».
Poi chiama un altro interlocutore, Ivano, non identificato con certezza.
Gnutti: «Mi ha chiamato Stefano Ricucci, ha detto che non lo fa perché non ha sentito gli altri, appena gli danno il via lo farà».
Ivano: «Gli ho parlato ieri, era informato».
Gnutti: «Stanotte mi è arrivata l'autorizzazione».
Ivano: «Parli di Lodi? Berlusconi ho detto che con buona probabilità andrà in appoggio anche di là, perché mi pare corretto e giusto. Berlusconi mi ha detto che faccio bene. Ieri Caltagirone, che ha visto Berlusconi, ma soprattutto ha visto Letta ieri l'altro aveva riferito che c'era un po' di preoccupazione».

Gnutti: «Non c'è assolutamente preoccupazione. Ho detto a Berlusconi che a loro interessava molto appoggiare Giampiero perché dall'altra parte stanno facendo quell'altra. Per cui, per una questione di equilibrio si fa una per una, quindi vado in appoggio anche di là. Berlusconi mi ha risposto che faccio bene».

18 luglio ore 20,39
Giampiero Fiorani irritato per l'atteggiamento della Consob chiama Gnutti, il quale suggerisce: «A questo punto penso sia necessario chiamare Berlusconi».

Assalto al *Corriere*

Nelle conversazioni di Ricucci s'intravede il piano per la conquista del *Corriere della Sera*. Ricucci ammette esplicitamente che Magiste salirà al 29% e poi lancerà l'Opa, confidando nel fatto che alcuni soci del patto di sindacato (Romiti, Lucchini, Ligresti e Bertazzoni) aderiscano.

Nell'operazione di Ricucci è coinvolto Aldo Livolsi, ex collaboratore di Berlusconi e presente nel Cda Fininvest. È lui a tenere i contatti con Alejandro Agag, genero dell'ex premier spagnolo Aznar. Agag rappresenta gli interessi di un misterioso gruppo straniero pronto ad affiancarsi a Ricucci (con cui si discute perfino il prezzo d'Opa) per poi procedere alla divisione del gruppo editoriale. Gli incontri si svolgono a Roma, Parigi e Londra. Ecco le intercettazioni.

Il corteggiamento Ricucci-Ligresti

29 giugno, ore 16,10
Recita il brogliaccio: «Ricucci chiama Paolo (Ligresti, figlio di Salvatore, *nda*)».

Ricucci scherza: «Tuo padre mi snobba, perché ha fatto una dichiarazione in cui dice di non conoscermi». Ricucci – prosegue il brogliaccio – vuol parlare di Rcs, ma Paolo dice che di queste cose deve parlare con il padre, anzi è addirittura meglio parlarne con Jonella (la sorella).

Ricucci: «Fiat e Della Valle fuori dal *Corriere*»

29 giugno, ore 19,15
Un giornalista chiama Ricucci, che risponde a una domanda su Rcs. «Siamo arrivati al 20%, punto al 29 e poi lancerò un'Opa con la Magiste International che è la capogruppo. Questa è la mia posizione».

29 giugno, ore 23,30
Chiama un giornalista. Ricucci gli ribadisce di voler fare l'Opa su Rcs.

Giornalista: «Non te le daranno mai [le azioni, *ndr*]».
Ricucci: «Si vedrà. Il mio advisor sono tre banche americane che stanno predisponendo anche la fidejussione. Sono piú determinato che mai e ci riuscirò perché Lucchini, Bertazzoni, Romiti, Ligresti e altri mi daranno le loro quote. E dalla Rcs devono uscire la Fiat e Della Valle».

30 giugno, ore 13,59
Ricucci chiama un giornalista.

Ricucci: «Ieri ho superato il 20% del *Corriere della Sera*, stasera a Borsa chiusa lo comunicherò alla Consob. Il mio obiettivo è arrivare al 29% entro al massimo un mese. Poi proporrò un aumento di capitale agli altri soci e presenterò il mio gruppo e il piano industriale e continuo ad acquistare azioni prima di lanciare l'Opa». Lo stesso giorno Ricucci parla con un uomo non identificato. «Guido Rossi ha chiamato Irti dicendogli che hanno scritto che solo alcuni soci del patto gli hanno dato l'incarico e invece sono tutti».

1° luglio, ore 9,12
Ricucci chiama Salini, dirigente della Consob, che lo richiama poco dopo. Ricucci si lamenta di un giornalista di *Repubblica* «che dice cose non vere nei miei confronti». Lo stesso giorno chiama un certo Gigi e Ricucci gli parla di Fiorani.

Ricucci: «Gli stiamo dando una grossa mano perché lo merita, è impegnato su tutti e tre i fronti, Antonveneta, Bnl e Rcs».

Gigi: «È importante che si muova la cosa che piú sta a cuore a noi... Devo dire che Giampiero ha conservato la lucidità di fondo anche se è quello che piú è stato massacrato».

Alle 16,43 Ricucci chiama «zio Romi»: «Sei riuscito a parlargli?». Risposta: «Ancora no, c'è il Consiglio dei ministri».

2 luglio, ore 14,50
Un uomo non identificato chiama Ricucci e parlano del Monte dei Paschi di Siena.

Ricucci: «A settembre per scuotere un po' la situazione comprerò un 5%, ne ho parlato anche con Franco (Caltagirone, *nota a lato*) e Chicco (Gnutti, *nota a lato*)».

«Devo parlare col Presidente»

5 luglio, ore 19,49
«Zio Romi» cerca Ricucci.

Ricucci: «Sto ancora aspettando che il Presidente mi riceva...».
Zio Romi: «Ho riferito a Livolsi di chiamarlo per le 20 di questa sera».
Ricucci: «Sí, ma non posso aspettare 7 giorni per potergli dire una cosa...».
Zio Romi: «Il Presidente deve stare attento, perché Roma non è la Sardegna».
Ricucci: «Devi intervenire, se no non c'è via d'uscita. È importante che sia io a incontrarmi col Presidente, devo dirgli delle cose importanti che neppure Livolsi conosce».

Gli amici e i nemici

13 luglio, ore 12,51
Ricucci chiama Gnutti: «È uscito un articolo in cui si dice che sono nel mirino della Procura di Brescia, sicuramente è tutto montato da Montezemolo e Geronzi».

14 luglio, 19,56
Caltagirone chiama Ricucci, che ha appena annunciato la riduzione della sua quota Rcs dal 20% al 18%.

Caltagirone: «Stai vendendo?».
Ricucci: «Bisogna anche vendere... tutti pensano che Ricucci incassi da Bnl e Antonveneta e quindi compri Rcs e invece fa il contrario e poi compro un altro 4%... faccio quello che mi pare... Della Valle e Banca Intesa stanno comprando e pagano 6 euro. Devono capire che io controllo il 40% del mercato con il 20% perché sono libero, rispetto le regole, questa è la mia strategia».

15 luglio, ore 13,33
La segretaria chiama Ricucci e gli passa Toragno del Banco di Bilbao.

Ricucci: «L'offerta di Unipol è migliore del Bbva ma se fate un'offerta migliore noi possiamo vendere a voi».
Toragno gli chiede se escono tutti, Ricucci risponde: «Non so se resteremo ancora con una piccola quota oltre alla nostra presenza in consiglio. Possiamo accettare anche una vostra offerta se fosse piú alta».
Toragno: «Non è possibile».

15 luglio, ore 19,51
Piergiorgio Romiti chiama Ricucci e concordano di incontrarsi la settimana successiva.

17 luglio, ore 19,02
Aldo (Livolsi, *nda*) chiama Ricucci.
Aldo: «Ho parlato con Alejandro [Agag, *nda*] ed è andata molto bene, gli ho detto che vorremmo chiuderla subito e tra mercoledí e giovedí vedersi o a Roma o a Parigi. Alejandro parlerà tra oggi e lunedí con chi sai tu. Gli ho detto anche che abbiamo il 24% e dovremmo acquistare ancora un 30% per arrivare almeno al 51%».
Aldo: «L'importante è che risulti un'operazione fatta assieme in modo che risulti sia il socio industriale che quello finanziario».

18 luglio, ore 13,51
Arnaldo Borghesi (Lazard Italia) chiama Ricucci il quale lo informa che hanno venduto tutto su Bnl.

Borghesi: «È un passaggio fondamentale per la vicenda Rcs».

19 luglio, ore 9,51
Livolsi: «Ho parlato con Alejandro ed era felice perché l'incontro a Parigi è andato bene. Alejandro mi ha chiesto una mano per dimostrare che il valore a cui volete lanciare sta in piedi in quanto gli altri pensano che sia troppo alto. Loro stanno lavorando ad una sorta di break-up».
Ricucci: «Io penso che Rcs non valga meno di 8 euro, 8,40».

19 luglio, ore 10,15
Ricucci chiama Angelo Rovati: «Profumo [amministratore delegato di Unicredito, *nda*] sta prendendo posizione contro di me, ieri ho ricevuto una sua lettera nella quale richiede i fidi, perché non vuole prestarsi alle mie operazioni di grande livello».

19 luglio, ore 10,26
Ricucci chiama un certo Claudio: «Conosci bene Profumo? Ho ricevuto una lettera da Unicredito che intima alla mia azienda di rientrare nell'affidamento. Sono dispiaciuto piú per il principio che per i soldi». Lo stesso giorno Claudio richiama Stefano: «Ho parlato con Profumo, mi ha detto che dovrebbe essere una conseguenza dell'ordine che lui ha impartito a tutti, cioè di ridurre tutta l'esposizione soprattutto sull'immobiliare. Gli ho proposto l'incontro ma Profumo ha rifiutato, sei troppo nell'occhio del ciclone».

A sera Ricucci chiama Livolsi.
Livolsi: «Ho parlato con Alejandro, mi ha riferito che avrebbero fissato l'incontro per mercoledí prossimo a Parigi. Alejandro Agag viene domani sera a Roma, si potrebbe fare un incontro».

Tra Fassino e Briatore

21 luglio, ore 14,41
Ricucci parla con Giancarlo Leone.

Leone: «Stefano, godi dell'amicizia di molti, anche di piú di quanto ci si può aspettare».
Ricucci: «Ho incontrato Prodi, Fassino, D'Alema e Berlusconi e ho rappresentato a loro i miei piani e le mie intenzioni su Rcs, cosí come ho fatto con Banca d'Italia e Consob».

22 luglio, ore 19,29
Alejandro chiama Ricucci: «Cosa fai stasera? Io vado a cena da Roberto Cavalli e domani vado dal Cavaliere».

22 luglio, ore 20,50
Flavio Briatore chiama Ricucci. «Vorrei darti una mano con Rcs. Sto organizzando una cena. Vieni? Ci sarà Aznar e inviterà anche il Cavaliere e Galliani».

«Stanno sparando gli ultimi colpi»

6 luglio, ore 22,53
Cristina Rosati chiama Tonino (Fazio) e gli dice che ha chiamato Ivo (Tarolli, Senatore Udc, *nda*) e ha detto: «Tutto è stato approvato come lui aveva detto e anche di piú». Cristina gli chiede: «Sei sicuro che vada tutto bene? Sono arrivati segnali tanto negativi».

14 luglio, ore 19,25
La Guardia di Finanza registra una lunga conversazione tra Cristina Rosati e il marito. Il quale non sembra particolarmente preoccupato dell'incalzare delle indagini della magistratura.
Rosati: «Tonino come va?».
Fazio: «Eh... i magistrati stanno andando ancora avanti, si stanno sparando gli ultimi colpi... ».

27 luglio, ore 09,37
Fazio al figlio Giovanni: «Stai tranquillo che si sgonfierà tutto.

Il giudice è stato scorretto a fare quel sequestro dubbio».
Giovanni: «E tutte quelle notizie uscite fuori?».
Fazio: «È un attacco mediatico privo di fondamento».

20 luglio, ore 21,55
Un «dottore» non meglio identificato chiama Fiorani.

Dottore: «Stamattina ho visto il Governatore, Ricucci e Caltagirone di ottimo umore».
Fiorani: «Hanno ragione, di soldi ne hanno fatti tanti e il primo ha avuto una giornata epocale».
Dottore: «Fazio mi ha detto di averti fatto un trattamento di sfavore, ma è stato costretto, l'ha dovuto fare».

Le angosce di donna Cristina

16 luglio, ore 12,30
Rosati a un'amica: «Stiamo attenti, è meglio parlarsi a voce e non al telefono».

18 luglio, ore 12,29
Fiorani a Cristina: «Mi è venuto in mente di portarti un nuovo apparecchio telefonico perché il mio non lo uso piú, adesso usa questo numero interno».

18 luglio, ore 00,02
Fiorani a Cristina: «Domani ti porto il nuovo apparecchio telefonico».

1° luglio, ore 8,13
La moglie di Fazio chiama il Governatore e gli parla di un'Audi bianca sempre sotto casa che sembra controllarli. Lui la rassicura: «Mi sono dimenticato di dirtelo, è la guardia del corpo».

Tranquilli tutti, ci pensa Cossiga

27 luglio, ore 13,17
Viene riportata una conversazione tra Antonio Fazio e la moglie Cristina.

Fazio: «Ho sospeso con Ivo [Tarolli, senatore Udc, *ndr*] per stasera per non metterlo in difficoltà».
Cristina Rosati: «Ho visto il Tg2, la situazione è molto tosta».
Fazio: «È venuto a trovarmi Francesco Cossiga. Mi ha garantito che farà una dichiarazione molto forte».

23 luglio, ore 22,05
Gianfranco Boni al telefono con un interlocutore non identificato: «Lasciamo che gli olandesi esprimano il loro consiglio e poi approfittiamo di ogni loro mossa falsa. Intanto gli olandesi vanno da loro, per dire... vanno da Fusco e da quelli lí e hanno quello che vogliono loro: Guido Rossi, Prodi, tutti 'sti bigoli qua».

8 luglio, ore 10,50
Ivo Tarolli, senatore Udc, chiama Cristina Rosati.

Cristina: «Qui hanno liberato la delibera, ieri lo ha chiamato quello di An, Tofani, dice di aver allertato Tofani... adesso dobbiamo recuperare i voti, poi ci sarà da fare per recuperare i voti, 1.500 firme sono tante. Ora ci devono un favore [a Cristina e Ivo, *ndr*], quindi...»
Tarolli: «E Tonino come sta?».
Cristina: «Tonino è in banca, è tornato ieri sera. Ivo devi dargli una mano».

16 luglio, ore 14,16
Ivo Tarolli chiama Cristina Rosati.

Tarolli: «Ad Alvito è tutto a posto, hanno ritirato le delibere».
Rosati: «Quando ci vedremo ti racconterò a voce un po' di cose, perché c'è uno che conosci che sta facendo degli intrallazzi».
Tarolli: «Sono stati quelli di An a ritirare le delibere».

21 luglio, 13,10
Fiorani chiama la segreteria di Ricucci.

La segretaria: «Ho fissato un appuntamento alle 9 di domani mattina che gli aveva chiesto il dottore con Maroni».

Geronzi è il male del paese

9 luglio, ore 10,56
La moglie del Governatore di Bankitalia chiama un sacerdote, don Andrea.

Cristina: «Non vado al funerale della mamma di Giuliana Geronzi, perché suo marito si sta comportando con Tonino in un certo modo. Ho paura che il marito di Giuliana (Geronzi) possa approfittare di Tonino».

Pochi giorni dopo il concetto viene esplicitato in maniera piú precisa da Giampiero Fiorani. Sono le 10,02 del 14 luglio.

Fiorani: «Ho augurato ieri davanti al giudice la morte di Geronzi, spero mi ascoltino al telefono. Geronzi è il male del paese. Geronzi è il cancro del paese. L'operazione Unipol-Bnl Geronzi ha fatto carte quarantotto per impedirla e ho le prove».

15 luglio, ore 9,16
Un funzionario (Savarè) fa sapere a Fiorani che Ricucci ha chiesto di girare 25 milioni da Garlsson, la sua finanziaria offshore per sottoscrivere l'aumento di capitale Bpi. Fiorani autorizza. Il funzionario gli spiega le strategie di Ricucci: «Adesso vuole comprare quote Capitalia».

18 luglio, ore 20,39
Fiorani messo alle corde dalla Consob commenta alcune indiscrezioni uscite sulla stampa in merito alle posizioni di Banca d'Italia: «La notizia è uscita dalle talpe che c'ha Geronzi lí dentro in Via Nazionale».

«Quel Rossi è di sinistra»

19 luglio, ore 22,28
Fiorani chiama il funzionario Savarè, i due conversano un poco; poi il banchiere lodigiano dà spiegazioni circa i ritardi riscontrati nelle pratiche della Consob.

Fiorani: «Il ritardo della Consob? È colpa di Cannizzaro che sotto la spinta di Geronzi ha voluto generare problemi».

25 luglio, ore 20,36
Arnaldo Borghesi (Lazard advisor della Bpi) parla con Fiorani: «È tutta colpa di Geronzi».
Il discorso cade poi sull'avvocato Guido Rossi, legale di Abn Amro, a cui vengono attribuite numerose responsabilità sulla genesi dell'indagine della magistratura milanese.

Borghesi: «Guido Rossi è uomo di sinistra che plagia ideologicamente la Procura».

28 luglio, ore 16,08
Gargiulo, collaboratore di Ricucci, chiama Magiste e chiede di parlare con Colavita. Gargiulo chiede quando gli avrebbero dato la carta di credito della Lodi. Colavita risponde che ha risentito Boffi in mattinata e che Gargiulo avrebbe dovuto dire a Stefano (Ricucci) che il massimo che loro possono fare è 30mila euro per ogni carta. Gargiulo dice che «la carta di credito della Lodi non è illimitata».

8 luglio, ore 16,27
Chicco Gnutti chiama un certo Ezio.

Ezio: «Rilassati».
Gnutti: «Sí, appena finiscono queste due cosette». Ridono.
Ezio: «Mi ricordo quando avevi fatto l'Opa Telecom e dopo avevi detto che dopo di quella basta». Ridono.
Gnutti: «Ora finisco questa e poi basta. Mi hanno trovato il diabete e due infarti». Ridono e si salutano.

Come innamorati

30 giugno, ore 21,49
Gnutti chiede com'è andata a Roma e Fiorani dice: «tutto bene». Gnutti gli dice che ogni tre ore lo deve chiamare come se fossero innamorati, perché si sente solo.

Dove è finito Fiorani?

28 giugno, ore 22,22
Boni chiede a Gnutti se ha avuto notizie di Giampiero e Gnutti dice che pare sia scappato e che Gloria è disperata. Pare che non lo trovi piú nessuno, non vorrebbe che fosse andato via di testa, perché oggi lo ha visto ed era incazzato come una bestia con quelli della Consob. Giampiero avrebbe detto: «Io vi denuncio tutti, adesso è ora di finirla, mi avete preso per il culo da due mesi». Poi Gnutti passa il telefono a Giampiero e Fiorani parla con Boni e gli dice che oggi era lí incatenato davanti alla Consob, o gli approvano il prospetto informativo o si sarebbe incatenato per tutta la vita. Dice di aver chiamato personalmente Cardia e Ferrari e la professoressa Mazzarella lo ha chiamato almeno sette volte e di averle detto che per lei ha una venerazione perché sta approvando il loro prospetto informativo. Fiorani dice: «Ho promesso questo ed altro a tutti i nostri amici della Consob faccio tutto il possibile immaginabile».

19 luglio, 20,51
Francesco Caltagirone a Boni: «Oggi è stato fatto un altro passo avanti [riferendosi alla sentenza del Tar, *ndr*] adesso manca una cosa [riferendosi alla Consob]».

19 luglio, ore 21,26
Boni al telefono con un tale Giulio: «Stiamo aspettando la notizia della Consob». Giulio risponde: «Il presidente del Tar del Lazio prima lavorava in Banca d'Italia» e Boni (ridendo): «Adesso è passato anche alla Banca di Lodi».

Note

Introduzione

1 Il prestigioso premio giornalistico «Pulitzer» prende il nome, e i relativi finanziamenti, da Joseph Pulitzer, giornalista ed editore americano, che ha fondato assieme a William Randolph Hearst un filone di giornalismo basato sulle inchieste. Pulitzer, che non si è mai stancato di denunciare i monopoli, gli oligopoli, i cartelli, la corruzione politica, ha portato alla luce numerosi scandali. Quando il giornalismo non era una vera professione, ha contribuito a dargli rispetto e dignità. Nonostante avesse perso la vista, ha continuato nelle inchieste per smascherare gli intrecci tra potere economico e affari. Ha lasciato un fondo ingente all'Università della Columbia per l'istituzione di una scuola di giornalismo.

2 «Mi raccomando la spina dorsale, tenete la schiena sempre dritta». Con queste parole Carlo Azeglio Ciampi ha concluso l'intervento sui problemi dell'informazione durante la consegna al Quirinale dei premi Saint Vincent di giornalismo. Il Presidente della Repubblica ha voluto ripetere questa sua raccomandazione, fatta già altre volte, e diventata nel mondo del giornalismo uno slogan della correttezza dell'informazione.

1. Banchieri di ventura

1 Dice il presidente della Abn Amro, all'indomani della vittoria sull'accoppiata Fazio-Fiorani, in un'intervista a *la Repubblica*: «Non ci spiegavamo come Bankitalia potesse permettere a un piccolo istituto di conquistare Antonveneta. Tutte le regole erano state violate: ma ci hanno sollevato gli interventi della Consob e della Procura di Milano... In gennaio si era sparsa la voce che la Banca popolare di Lodi e i suoi alleati avevano acquisito una quota di Antonveneta. I nostri colloqui con Banca d'Italia e con Lodi furono irrimediabilmente senza esito. Nel frattempo, la quota posseduta dalla Lodi in Antonveneta cresceva senza che ne fossero informate la Consob e la Banca d'Italia. Che dovevamo fare se non proteggere le nostre posizioni?». Perché, chiede il giornalista, la Banca d'Italia ha permesso che non si rispettassero le regole del gioco? «Ce lo siamo chiesto e questo è proprio quello che ci ha piú stupiti. Non ci spiegavamo come la

Banca d'Italia potesse permettere alla Lodi di prendere il cento per cento di Antonveneta. Non avremmo mai pensato che una piccola banca con un "capital ratio" come la Lodi potesse essere autorizzata a un'operazione del genere. Ci ha sollevati il fatto che la Consob ha agito, contrariamente ad altri, in modo imparziale, in conformità alle norme. E che la Procura di Milano è intervenuta congelando la nomina del nuovo consiglio d'amministrazione di Antonveneta ed esautorando il signor Fiorani...».

Abn Amro è uno dei colossi bancari mondiali, che fa risalire le sue origini al lontano 1824. Con base in Olanda è diventato nel corso degli anni un gruppo internazionale presente in piú di 60 paesi con oltre 97.000 dipendenti, quotato sia sul mercato Euronext (che raggruppa le borse di Amsterdam, Bruxelles e Parigi) che a New York. Secondo una classifica stilata dall'European Banking Report, Abn figura al 13° posto per capitalizzazione fra le banche del Vecchio Continente. La capitalizzazione del gruppo è pari a circa 37 miliardi di euro, pari a una quota rilevante del totale del mercato azionario di Amsterdam. Il 2004 ha visto il gruppo chiudere con un utile netto di 3,7 miliardi di euro contro i 3,1 dell'anno precedente. Per quanto riguarda l'azionariato, Abn ha tra gli azionisti di rilievo il colosso finanziario Ing con il 6,57% dei titoli ordinari, mentre il resto del capitale è suddiviso fra fondi di investimento internazionali (Capital Group ha il 4,57%) e piccoli azionisti. La provenienza geografica degli azionisti vede in prima fila gli europei (con oltre il 74,7%, di cui il 24,3% olandesi) seguiti dal Nord America (21%). A guidare operativamente il gruppo è il managing board presieduto da Rijkman Groenink, mentre lo statuto della società prevede anche la presenza di un supervisory board di 12 componenti (Fonte: Ansa).

4. E venne il giorno del Faziogate

1 Tra la stretta cerchia degli invitati al matrimonio dell'anno tra Anna Falchi e Stefano Ricucci, figurava anche Sergio Billè (bignè per i maligni), il potente ex pasticciere di Messina, da 10 anni Presidente di Confcommercio, l'associazione dei commercianti che vanta ottimi rapporti con il Presidente Berlusconi e con altri potenti di turno. Billè ha ricevuto un avviso a comparire dalla Procura di Milano, come persona informata sui fatti nell'ambito dell'inchiesta Bpl-Antonveneta. Secondo quanto riportato da *Il Sole 24 Ore* del 4 ottobre 2005, Billè avrebbe realizzato una plusvalenza di 450.000 euro dall'operazione di acquisto di azioni Rcs. Operazione transitata su un conto della banca Paribas, che non sarebbe stata effettuata con risorse della Confcommercio, ma dal cosiddetto «fondo del presidente», ossia le disponibilità liquide per le emergenze dell'organizzazione, al di fuori della gestione ordinaria di bilancio. Ma la giunta della Confcommercio rimprovera a Billè anche l'operazione immobiliare per la nuova sede di via Lima a Roma, emersa nell'ambito delle indagini della Procura di Milano sulla scalata ad Antonveneta. Secondo le accuse dei magistrati, la Bpl concesse un finanziamento «riservato» alla Magiste di Ricucci pari a 100 milioni di euro senza menzionare né Ricucci né la Magiste, e senza l'iscrizione nell'area rischi di Bankitalia. Ricucci aveva chiesto di entrare nel patto di sindacato prima dell'assemblea Bpl del 30 aprile, ma Gnutti e Fiorani si erano

opposti. Si voleva evitare, in tal modo, l'Opa in contanti, onerosissima. C'è poi il preliminare di 60 milioni di euro, sottoscritto con Sergio Billè per l'acquisto dell'immobile a Roma per la sede della Confcommercio, di cui Ricucci avrebbe incassato 39 milioni di euro, somma proveniente da un conto personale di Billè presso la Banca Esperia e transitata attraverso la Garllson, società off shore di Ricucci.

6. *I «furbetti del quartierino»*

1 Secondo l'interrogatorio di Nicola Stabile, capo del gruppo ispettivo della Banca d'Italia, reso alla Procura della Repubblica di Roma nell'ambito dell'inchiesta sul «Faziogate», già nel 2001 Bankitalia aveva scoperto che il profilo patrimoniale della ex Banca Popolare di Lodi non rispondeva ai coefficienti previsti. Al termine dell'indagine effettuata sui conti della ex Banca Popolare di Lodi – secondo il racconto del funzionario – gli ispettori di Bankitalia relazionarono al Governatore fortissime anomalie patrimoniali: su 2,8 miliardi di euro di patrimonio, ben 1,8 miliardi erano ascrivibili a finte cessioni di partecipazioni e smobilizzi fittizi di portafoglio. Il «sistema Fiorani» (già praticato con l'annessione della Banca Popolare di Crema), consisteva nel far sottoscrivere aumenti di capitale con finanziamenti concessi dalla stessa banca ai clienti piú fidati, oppure nell'assegnare d'ufficio pacchetti azionari ai promotori finanziari in conto provvigione, senza interessi e restituibili in cinque comode rate. Tale sistema, già oggetto di una denuncia di Adusbef nell'aprile 2003, era quindi ben conosciuto dal Governatore Fazio.

2 Nella prima udienza davanti al pm della Procura della Repubblica di Milano, Eugenio Fusco, il 21 settembre 2005, è stata ammessa la costituzione della Consob come parte civile, ma è anche stata avanzata la richiesta degli avvocati della difesa di spostare da Milano a Bologna il processo. Un'udienza all'insegna delle eccezioni sollevate dai legali, quella del processo dove sono imputati Giovanni Consorte nella sua funzione di presidente e amministratore delegato di Unipol, il vice presidente Ivano Sacchetti, il finanziere bresciano Emilio Gnutti come membro del Cda, e altre sei persone. L'accusa è di insider trading per l'uso di informazioni privilegiate per acquistare obbligazioni Unipol, per circa 100 milioni di euro, dopo avere saputo che i due prestiti sarebbero stati rimborsati in anticipo sulla loro naturale scadenza.

3 Il report su Bpl di Andrew Sentance per Gestnord si trova ancora – al momento in cui questo libro va in stampa – pubblicato sul sito della Borsa Italiana. La motivazione del licenziamento di Sentance è questa: «Aver divulgato a terzi (tra cui l'agenzia Bloomberg) informazioni relative a Bpl, delle quali è venuto a conoscenza in ragione del suo rapporto di collaborazione».

4 «Con il suo appello a velocizzare l'iter della legge sul risparmio, Casini vuol dimostrare la sua sensibilità al problema. Ma il presidente della Camera non sia strabico e quindi usi lo stesso impegno e la stessa linea per accelerare il sí alla commissione d'inchiesta, cosí come ha fatto la Lega Nord». Sergio Rossi, capogruppo del Carroccio in commissione Finanze, commenta cosí il 22 giugno 2004 le dichiarazioni del presidente

della Camera sulla necessità di arrivare in tempi brevi a una decisione sul ddl sul risparmio. «La riforma indubbiamente deve essere fatta e deve essere di carattere generale», prosegue Rossi, «quindi coinvolgere anche le autorità di vigilanza, altrimenti vorrebbe dire che tutte le crisi finanziarie avvenute in questo periodo sono da addebitarsi a ragionieri e contabili e che non ci sarebbe alcuna responsabilità politica». «Noi abbiamo sempre sostenuto», aggiunge l'esponente della Lega, «che sono emerse enormi lacune nelle autorità di vigilanza. E del resto anche l'indagine conoscitiva ha evidenziato queste lacune e le responsabilità politiche. Per queste ragioni non ritengo che la strada migliore sia quella di procedere allo stralcio dei primi 14 articoli. Concludere tutto senza un'inchiesta sulle responsabilità e senza una riforma delle attività di vigilanza vorrebbe dire lavarsene le mani e incolpare solo ragionieri e contabili».

5 Scrive Angelo Pergolini su *Panorama* il 24 gennaio 2005: «Crea malumori in Parlamento. Preoccupa le banche estere. Ma l'accordo innaffiato col vino ligure (portato dall'on. Luigi Grillo) suggella la pace tra Berlusconi e il Governatore della Banca d'Italia Fazio stabilendo nuove regole per il risiko bancario. A partire dai destini dell'Antonveneta. Reggerà?». Scrive Adusbef in un comunicato del 21 settembre 2005: «Ad oltre 3 anni dal crack Cirio e a 2 anni dallo scandalo Parmalat, che assieme ai bond argentini, a Bipop-Carire ed altri fenomeni di "risparmio tradito", ha generato una distruzione diffusa del risparmio bruciando lacrime e sangue di 1 milione di famiglie, arriva il delirio: sarebbe l'opposizione, secondo il relatore del ddl risparmio al Senato, a bloccare l'iter parlamentare per l'approvazione della legge sulla tutela del risparmio e dei mercati finanziari. Non la piroetta del Governo consumata nel gennaio 2005, quando il Governatore Fazio incontrò il presidente del Consiglio suggellando, con il famoso "patto Sciacchetrà", sia la difesa dell'"italianità" delle banche che il dietro front del Parlamento su una buona legge di riforma del risparmio approvata nelle commissioni, che prevedeva l'abolizione della carica a vita del Governatore e il trasferimento dei poteri antitrust sulle banche, dalla Banca d'Italia all'Autorità Garante della Concorrenza e del Mercato».

6 Il 5 ottobre 2004 la Banca Popolare di Lodi ha annunciato di aver sottoscritto un protocollo d'intesa con la Banca Popolare Credieuronord per l'aggregazione, in due fasi, di quest'ultima nel Gruppo Bipielle. Nella prima fase, da perfezionarsi nel 2004, era prevista la cessione del ramo d'azienda bancaria di Credieuronord alla Banca Popolare di Lodi e la trasformazione di Credieuronord in holding di partecipazioni con la denominazione di Euronord Holding. Nella seconda fase, da attuarsi nel corso del 2005, è attesa la fusione per incorporazione della istituenda Euronord Holding in Reti Bancarie Holding. Il valore economico del Credieuronord, ai fini del completamento dell'operazione, è stato stimato dalle parti in 2,8 milioni di euro.

7. La stagione dei crack

1 «Ho patteggiato. Due anni e mezzo. Non ho piú debiti con la giustizia», afferma nell'intervista alla *Stampa* il ragionier Fausto Tonna, ex amministratore delegato della Parmalat nel giorno in cui comincia a Milano il

processo a Calisto Tanzi. Lui, Tonna, fa lavori saltuari: consulenze. Come campa? «Malamente», risponde. Racconta di aver perso gli amici, di essere rimasto solo. Si guarda indietro «con un po' di nostalgia, perché dentro alla Parmalat ho passato la mia vita». Dice: «Guardi che la verità non è nascosta. Qualcuno non la vuole raccontare, ma c'é, e si può vedere, si può leggere. Ci sono tante responsabilità, a piú livelli. Io non è che non abbia sbagliato, ma facevo quello che mi dicevano».

Molto probabilmente, Tanzi in questo processo sosterrà le colpe delle banche... «Se farà cosí farà bene. Non è un'assurdità. È un dato di fatto, che le banche fossero responsabili. Mi riferisco ad esempio al fatto che loro non potevano vendere i bond della Parmalat ai privati. Era scritto nel prospetto informativo. Potevano vendere solo agli investitori istituzionali, ma non al pubblico». «Io non voglio certo mettermi a fare l'avvocato difensore di Tanzi», si schermisce Tonna. «Le sue responsabilità le ha, ma lui era anche uno che credeva a tutti, mentre invece molte volte è stato solo sfruttato. Lui si pensava grande amico di De Mita, ha costruito la fabbrica a Nusco per lui, ed era convinto di aver le spalle coperte. Cosa ha fatto De Mita? (...) Ha sempre avuto il mito di quelli che l'avrebbero aiutato, come la storia del cavaliere bianco. Poco prima del default andò persino da Berlusconi, e si era messo a pensare che l'avrebbe salvato, il presidente. Forse fu Stefano che lo convinse ad andarci, non lo so. Ci andarono assieme. Lo sa come finí? Che a un certo punto il Cavaliere si accorse che non c'era niente da fare, che Berlusconi non aveva nessuna intenzione o nessuna possibilità di salvarlo, e allora gli venne un impeto d'orgoglio e cominciò a dire che non c'erano problemi, che lui ce l'avrebbe fatta, che tanto c'era un cavaliere bianco. E Stefano prese a insultarlo, ma cosa dici?, ma tu sei pazzo. Vennero quasi alle mani davanti al presidente del Consiglio».

E chi era il misterioso cavaliere bianco? «Nomi ne son girati, lo sa. Lui prima di consegnarsi ai magistrati, andò in Sudamerica e raccontò che era andato a cercarlo. Là incontrò forse uno di questi faccendieri. Ma davvero uno poteva pensare che da quelle parti ci fosse qualcuno in grado di salvare la Parmalat? Solo lui». «C'erano le nostre colpe, c'erano le sue, e poi c'erano quelle di coloro che restano sempre fuori, ma fanno i giochi. Il potere, vogliamo chiamarlo cosí? Tanzi è stato buttato dal potere. Altri, non hanno questa sfortuna», conclude Tonna.

2 23 dicembre 2003. Una dichiarazione del procuratore Capo di Parma Giovanni Panebianco gela quella che era partita come un'inchiesta congiunta tra i magistrati emiliani e quelli milanesi. Panebianco esclude che a Milano possano decidersi le sorti del Gruppo. «Ci saranno senz'altro procedure consensuali tra le due procure», osserva, «ma sarà Parma, per competenza territoriale, a decidere se per la società ci sarà o meno l'amministrazione controllata». «Non si terrà in giornata l'ipotizzata riunione tra i pm milanesi e quelli parmigiani».

8. Telefoni bollenti

1 Cfr. *la Repubblica*, 6 agosto 2005.

N. 19195/05 R.G. N.R.
N. 3686/05 R.G. G.I.P.

Tribunale di Milano
Ufficio del Giudice per le Indagini Preliminari
****

ORDINANZA
APPLICATIVA di MISURA INTERDITTIVA
- art. 290 c.p.p. -

Il Giudice **dr. Clementina Forleo,**

visti gli atti del procedimento penale in epigrafe nei confronti di:

* **FIORANI Gianpiero** nato il 12.9.1959 a Codogno (LO)
elettivamente domiciliato presso lo studio dall'avv. Francesco MUCCIARELLI, via Manin 3, MILANO
difeso di fiducia dall'avv. **Francesco MUCCIARELLI** e dall'avv. **Luisa MAZZOLA**, con studio in via Manin 3, MILANO

* **BONI Gianfranco**, nato il 21.5.1958 a Lodi
elettivamente domiciliato presso lo studio dall'avv. Francesco MUCCIARELLI, via Manin 3, MILANO
difeso di fiducia dall'avv. **Francesco MUCCIARELLI** e dall'avv. **Luisa MAZZOLA**, con studio in via Manin 3, MILANO

* **GNUTTI Emilio** nato il 6.8.1947 a Brescia
elettivamente domiciliato presso lo studio dall'avv. Marco DE LUCA, Piazza Castello 21, MILANO
difeso di fiducia dall'avv. **Marco DE LUCA**, con studio in Piazza Castello 21, MILANO e dall'avv. **Giuseppe FRIGO**, con studio in vicolo S. Zanino 15, BRESCIA

* **RICUCCI Stefano**, nato l'11.10.1962 a Roma
domicilio dichiarato: viale Regina Margherita 42, ROMA
difeso di fiducia dall'avv. **Corso BOVIO**, con studio via Podgora 13, MILANO

Persone sottoposte alle indagini in ordine:

Documenti
L'ordinanza del Gip

Quello che segue è un breve stralcio (la parte iniziale e le conclusioni) dell'ordinanza con cui il Giudice per le indagini preliminari Clementina Forleo ha sospeso per due mesi da ogni attività imprenditoriale e direttiva alcuni dei protagonisti dell'affare Antonveneta.

Tribunale di Milano
Ufficio del Giudice per le Indagini Preliminari

****

ORDINANZA APPLICATIVA di MISURA INTERDITTIVA

- art. 290 c.p.p. -

Il Giudice dr. Clementina Forleo,
visti gli atti del procedimento penale in epigrafe nei confronti di:

* FIORANI Gianpiero nato il 12.9.1959 a Codogno (LO)
elettivamente domiciliato presso lo studio dall'avv. Francesco MUCCIARELLI, via Manin 3, MILANO
difeso di fiducia dall'avv. Francesco MUCCIARELLI e dall'avv. Luisa MAZZOLA, con studio in via Manin 3, MILANO

* BONI Gianfranco, nato il 21.5.1958 a Lodi
elettivamente domiciliato presso lo studio dall'avv. Francesco MUCCIARELLI, via Manin 3, MILANO
difeso di fiducia dall'avv. Francesco MUCCIARELLI e dall'avv. Luisa MAZZOLA, con studio in via Manin 3, MILANO

* GNUTTI Emilio nato il 6.8.1947 a Brescia

elettivamente domiciliato presso lo studio dall'avv. Marco DE LUCA, Piazza Castello 21, MILANO

difeso di fiducia dall'avv. Marco DE LUCA, con studio in Piazza Castello 21, MILANO e dall'avv. Giuseppe FRIGO, con studio in vicolo S. Zanino 15, BRESCIA

* RICUCCI Stefano, nato l' 1 1.10.1962 a Roma

domicilio dichiarato: viale Regina Margherita 32, ROMA

difeso di fiducia dall'avv. Corso BOVIO, con studio via Podgora 13, MILANO

Persone sottoposte alle indagini in ordine:
al reato di cui agli **artt. 110, 81 cpv c.p., 185 t.u.f. (come modificato dalla legge 62/2005)**, perché, in concorso tra loro e con altri, con piú azioni esecutive di un medesimo disegno criminoso, **diffondevano notizie false e ponevano in essere operazioni simulate ed altri artifici, condotte concretamente idonee,** anche singolarmente, **a provocare una sensibile alterazione del prezzo dell'azione ordinaria Antonveneta.**

In particolare,

* avendo BPL deciso di acquisire una partecipazione anche superiore al 30% del capitale sociale di banca ANTONVENETA, al fine di esercitare (unitamente ad altri soggetti economici), un'influenza dominante su tale banca, operavano con modalità atte ad eludere le prescrizioni di cui all'art. 106 tuf, reiteratamente violando gli obblighi di informazione al mercato previsti dagli artt. 114, 120, 121, 122 tuf nonché garantendo a diverse persone fisiche e giuridiche ingenti *capital gain*;

* avendo organizzato il rastrellamento delle azioni ANTONVENETA:
– mediante l'utilizzazione, in prima battuta, di diversi soggetti, persone fisiche persone giuridiche e società off-shore, sempre ed integralmente finanziati dalla BPL, con tassi inferiori a quelli normalmente praticati e non richiedendo, nella maggioranza dei casi, alcuna garanzia per l'apertura di credito;
– occultando la reale motivazione della concessione dei finanziamenti ed, in taluni casi, anche il reale destinatario degli stessi, all'uopo avvalendosi di società *off-shore* e, tra queste, GARLSSON REAL ESTATE S.A. (riconducibile a RICUCCI), cui veniva erogato (da BPL Suisse e con fideiussione di BPL Scarl) un credito di 100 milioni di euro, fittiziamente destinato a finanziare un'inesistente opera-

zione immobiliare, invece impiegato per l'acquisto di azioni Antonveneta;
– interponendo, per l'acquisto di azioni Antonveneta, fondi di investimento *off-shore*, tra i quali Generation Fund, finanziati direttamente anche tramite BPL Suisse,

diffondevano, tra le altre, le seguenti **false notizie al mercato:**
* di non possedere «né *direttamente né indirettamente altre partecipazioni nel capitale sociale di Banca Antonveneta*» oltre a quelle specificatamente indicate alle Autorità e al mercato (comunicati BPL del 9 e 16 marzo e del 6 aprile 2005);
* che «... *(la) determinazione (di collocarsi tra gli azionisti stabili di Banca Antonveneta) sarà assunta previa valutazione dei prezzi e delle quantità compatibili con l'esigenza di non creare turbative di mercato. Tutto ciò, ovviamente nell'ambito delle prescritte autorizzazioni, che si situano sotto la soglia fissata nell'art. 106 del decreto legislativo n. 58/1998*» (comunicato BPL del 12 aprile 2005);
* che «*l'attività di intermediazione per conto terzi sul titolo Banca Antonveneta, svolta da BPL nel rispetto formale e sostanziale delle vigenti disposizioni, non ha alcun nesso con la partecipazione detenuta né tantomeno con pretesi accordi con gli attuali azionisti di Banca Antonveneta*» (comunicati BPL del 16 marzo e del 6 aprile 2005);
* che non sono stati «*stipulati accordi (opzioni, contratti preliminari, a termine o condizionati, accordi per gli acquisti o per il voto) aventi per oggetto le azioni di Banca Antonveneta e di non aver concluso – in forma scritta o in altra forma – patti parasociali con azionisti della medesima banca*» (comunicati BPL del 16 marzo e del 6 aprile 2005);
* che, secondo quanto deliberato dal Cda di BPL, «*l'eventuale acquisto ... non dovrà comunque comportare il superamento della soglia del 30%*» (comunicato BPL del 15 aprile);
* che il gruppo, facente capo all'imprenditore RICUCCI Stefano, definiva come destituita di ogni fondamento la notizia di stampa secondo cui il Gruppo avrebbe ricevuto da istituti bancari un finanziamento finalizzato all'acquisto di azioni Antonveneta, ribadendo che l'acquisto era stato eseguito con mezzi propri (comunicati stampa del 19 aprile su varie agenzie),

cosí inducendo, il mercato, nella convinzione che BPL non avesse acquistato titoli (direttamente o per interposta persona), in quantità superiore a quella di volta in volta comunicata, che la stessa non intendesse superare la soglia di cui all'art. 106 tuf e che non esistesse un «concerto» come poi accertato da Consob con delibere del 10.5.2005 e del 22.7.2005;

altresí, ponevano in essere artifizi consistiti nell'immettere ordini di vendita ed acquisto, di azioni Antonveneta, preconcordati (sia nella tempistica sia nella dimensione dei quantitativi sia nel livello dei prezzi), in modo da incrociarli, con simultaneità, sul mercato; e, tenuto, altresí, in conto che tali ordini erano per dimensioni di particolare rilevanza, rispetto al complesso delle transazioni, sul mercato, aventi ad oggetto l'azione ANTONVENETA, gli artifici posti in essere risultavano fuorvianti ed idonei a provocare una sensibile alterazione del prezzo del titolo;
inoltre, anche a seguito delle richieste di BANCA d'ITALIA di rafforzare il patrimonio di vigilanza:
diffondevano, al mercato, le ulteriori **false notizie**:
di aver ceduto, in piú *tranches*, quote di minoranza delle società controllate o partecipate dal Gruppo BPL a primarie istituzioni finanziarie internazionali occultando che tra le cessionarie figuravano EARCHIMEDE spa e anche GP FINANZIARIA spa, società riferibili a GNUTTI Emilio (comunicato BPL del 1° luglio).

In Milano dall'inizio di dicembre 2004 sino ad oggi.

****

Vista la richiesta di applicazione della misura interdittiva di cui all'art. 290 c.p.p., nella fattispecie consistente nel divieto di esercitare attività imprenditoriali e uffici direttivi in persone giuridiche, formulata con atto pervenuto a quest'ufficio in data 26.7.2005.

[...]

Da quanto sopra esposto si evincono a chiare lettere gravi indizi di colpevolezza a carico dei quattro indagati in questione in ordine al reato loro ascritto.
Appare evidentemente superfluo aggiungere come gli artifici posti in essere siano risultati fuorvianti ed idonei a provocare una sensibile alterazione del prezzo del titolo.

Sintetizzando, *ad abundantiam*, il ruolo dei indagati in questione, va evidenziato quanto segue:

– **Il FIORANI** è risultato, quanto meno a livello esecutivo, il vero promotore ed organizzatore dell'aggiotaggio in questione, finalizzato al buon esito, a qualunque costo, della "scalata" ANTONVENETA, società con capitalizzazione di gran lunga superiore a quella di BPL. Si

tratta di un progetto tanto ambizioso quanto premeditato e dunque certo non frutto di una scelta estemporanea ed anzi, come emerge dalle suesposte risultanze inserito in progetti di piú ampio respiro, ancora piú ambiziosi e premeditati, facenti capo anche ad altri personaggi.
Come si è visto, e qui solo riassumendo, sono stati pianificati, sin dagli inizi dello scorso dicembre, acquisti di azioni ANTONVENETA per importi crescenti effettuati da terzi con finanziamenti ottenuti dalla stessa BPL a condizioni e con modalità certo non usuali né tanto meno regolari. Proprio in tal modo è stato possibile eludere tutti gli obblighi di legge riguardanti le segnalazioni e le partecipazioni significative acquisite negli istituti bancari e nelle società quotate.
Il meccanismo peraltro, era stato già collaudato in pregresse operazioni, come è emerso dalle suesposte dichiarazioni del MENCLOSSI, il quale ha confermato che anche in precedenza i pacchetti di azioni venivano acquisiti per interposta persona, con garanzia di realizzazioni di *ingenti capitali gain.*
Appare superfluo aggiungere che i vari comunicati di BPL erano esclusivamente finalizzati ad occultare tale meccanismo, cosí fornendo alle Autorità di Vigilanza ed al mercato informazioni del tutto false, con indicazioni di informazioni evidentemente suscettibili di inquinare il valore effettivo dei titoli. Il relativo prezzo, infatti, diviene fittiziamente espressione del contenuto di tali informazioni e non risulta conforme a quello effettivo. **Non è piú il mercato, ma chi lo manipola, a stabilirlo.**

– **GNUTTI**, non nuovo ad esperienze giudiziarie di tal tipo, **appare il complice fidato e rassicurante del FIORANI**, esterno a BPL, ma con importanti risorse finanziarie e con la disponibilità di varie società, quali l'EARCHIMEDE e la GP FINANZIARIA, da utilizzare per la migliore realizzazione del piano.
Particolarmente significativo, a tal ultimo riguardo, appare la formazione dei contratti aventi ad oggetto le *minorities,* e le relative conversazioni intercettate tra i due predetti, laddove il FIORANI giunge a letteralmente dettare a GNUTTI, la missiva da scrivere su carta intestata alla GP FINANZIARIA ed indirizzata alla BPL, e ciò *in limine*, ossia dopo aver appreso che l'operazione stava traballando per il mancato effettivo raggiungimento dei *ratios* patrimoniali.
Ma il contributo di GNUTTI è sicuramente piú ampio ed evincibile, oltre che dalle stesse conversazioni intercettate, dal contenuto dell'atto di accertamento CONSOB del 10.5.2005, il quale, come si è detto, individuava i 18 personaggi finanziati dalla BPL per l'acquisto di titoli ANTONVENETA in soggetti a lui vicini, quali i tre fratelli LONATI ed altri quindici imprenditori bresciani. Proprio questi

ultimi quindici realizzavano poi dall'operazione cospicui *capital gain*, **giungendo a superare in un caso 17 milioni di euro senza aver impiegato alcun capitale proprio.**

– Il **BONI**, direttore finanziario di BPL, è risultato essere il "braccio destro" di FIORANI, regista delle piú importanti operazioni per la "scalata" in questione.
In particolare **è** risultato munito di enormi poteri di manovra anche rispetto a scelte strategiche della BPL come quella di effettuare un investimento nel fondo GENERATION FUND, per un controvalore di 100 milioni di euro, e ciò sempre per l'acquisto di azioni ANTONVENETA sempre per conto della BPL, come riferito da COLNAGO Enrico, gestore di detto fondo e come accertato dalla CONSOB con l'atto del 22.7.2005.

– Il RICUCCI è, come si è visto per GNUTTI, il complice esterno di FIORANI ed altri nell'operazione in questione, risultando peraltro impegnato in altre "scalate", quali quella alla BNL ed alla RCS.
Le conversazioni a tal ultimo riguardo intercettate sull'utenza di GARGIULO Luigi, suo stretto collaboratore, sono alquanto eloquenti, mentre piú in generale significative dell'inserimento dello stesso nel sodalizio in questione appaiono anche le conversazioni intercettate su altre utenze, che evidenziano senza mezzi termini gli stretti rapporti esistenti tra FIORANI e RICUCCI, ma anche tra quest'ultimo e GNUTTI.
Al RICUCCI come si è visto, fa capo, oltre che la MAGISTE INTERNATIONAL, la GARLSSON REAL ESTATE sa, il cui illecito ruolo nella vicenda in questione è stato sopra ampiamente dimostrato.
RICUCCI ha a lungo negato, specialmente nei comunicati stampa riportati nell'incolazione, di aver ricevuto finanziamenti BPL impiegati per l'acquisto di azioni ANTONVENETA, giungendo a negare, finché gli è stato possibile, anche la riconducibilità alla sua persona della GARLSSON, presentandosi all'assemblea dell'ANTONVENETA del 30.4.2005 con una propria lista, apparentemente autonoma rispetto a quella della BPL ed in apparente potenziale concorrenza con la stessa. Non è peraltro credibile, come lo stesso afferma in talune conversazioni intercettate, che tale scelta gli sia stata suggerita da esperti legali contro il suo stesso parere. E peraltro, tale linea di RICUCCI, anche nelle ripetute audizioni davanti alla CONSOB, è stata sempre di negare l'esistenza di qualsiasi intesa con FIORANI e gli altri a quest'ultimo facenti capo.

****

Quanto alle altre condizioni richieste per l'applicazione di misura cautelare:

* Va rilevata l'insussistenza nella fattispecie di cause di giustificazione, di non punibilità o di estinzione del reato come di cause di estinzione della pena irroganda in ipotesi di condanna.

* Ricorrono poi le esigenze cautelari di cui all'art. 274 lett. a) e c) c.p.p.
Dalla riportata dinamica dei fatti in questione si ricava inequivocabilmente la sussistenza, in concreto, sia del pericolo di inquinamento probatorio, sia di quello di reiterazione del reato o di altri analoghi ed anzi attualmente paralleli.
Il tenore delle numerosissime conversazioni intercettate, in parte sopra riportate, evidenzia l'inserimento dei predetti indagati in un contesto di abituale ed anzi professionale propensione alla commissione di tali reati, e ciò, altrettanto evidentemente, con l'ausilio ed anzi con la spregiudicata complicità di personaggi di rilievo istituzionale, ponendo alla luce, in ultima analisi un inquietante quadro di una non certo occasionale elusione delle regole poste a presidio della trasparenza del sistema bancario e finanziario nazionale, con enormi e devastanti ricadute sull'immagine del Paese nell'ambito anche internazionale.
Accanto agli atti di pirateria finanziaria posti in essere dagli attuali indagati, viene drammaticamente alla luce, infatti, un sistema istituzionale gravemente malato, restio a prendere le distanze da logiche di favori e favoritismi, non certo consone ai capisaldi costituzionali.
Peraltro va evidenziato come da molte conversazioni intercettate sia emerso che gli indagati, non certo sprovveduti, erano sicuri, come peraltro altri personaggi con essi in contatto: di non essere sottoposti ad operazioni di intercettazione, e ciò anche dopo essere venuti a conoscenza della pendenza del presente e di altri procedimenti penali.
Ad un certo punto, avendo avuto notizia alcuni e sospetto altri, della quantomeno probabile messa in moto di tali operazioni da parte degli inquirenti, si preoccupano di parlare attraverso utenze a loro avviso ritenute "sicure" e risultate intestate anche a società elvetiche, giungendo addirittura a fornire di apparecchi telefonici e di una pluralità di schede i soggetti con i quali interloquivano in ordine alle vicende in questione.
Peraltro va evidenziato che anche dopo il sequestro disposto in via d'urgenza dalla locale Procura in data 25.7.2005, tali soggetti non abbiano desistito dal protrarre le loro condotte, perseverando anzi in attività di coordinamento finalizzate a simulare la regolarità del loro

operato, giungendo il RICUCCI ad emergenzialmente "**entrare nel patto**" **dopo aver telefonicamente evidenziato che avevano fatto la figura "dei furbetti del quartierino**", con evidente riferimento alle connotazioni, alla luce delle risultanze allo stesso in quel momento note, di taluni aspetti dell'operazione in questione.
Va inoltre rilevato, quanto in particolare alla posizione di GNUTTI, che lo stesso non è affatto nuovo ad esperienze giudiziarie di tal tipo, essendo stato condannato, sia pure allo stato in primo grado, *per insider trading* **ed essendo pendente a suo carico, in fase dibattimentale altro procedimento per il medesimo reato.**

La misura richiesta appare proporzionata alla gravità dei fatti in questione ed adeguata allo stato a far fronte a dette esigenze, anche se non può non evidenziarsi come in particolare il pericolo di inquinamento probatorio di cui sopra appaia difficilmente contenibile, dato il contesto ambientale in cui detti fatti si collocano, con la misura in questione, la meno afflittiva tra quelle previste dal sistema.

****

P.Q.M.

Visti gli artt. 272 e ss, 290 c.p.p.

APPLICA

a FIORANI Giampiero, BONI Gianfranco, GNUTTI Emilio, RICUCCI Stefano, sopra meglio generalizzati, la misura interdittiva del divieto temporaneo, per mesi due come per legge, dall'esercizio di attività imprenditoriali e uffici direttivi nelle persone giuridiche.

MANDA

al P.M. richiedente per l'esecuzione.

Manda alla cancelleria per ulteriori adempimenti di legge.

Milano, 1.8.2005

Il Cancelliere
Davide Anello

Il Giudice
Dr. Clementina Forleo

Depositata in Cancelleria oggi 1° AGOSTO 2005 con immediata trasmissione al P.M. per l'esecuzione. Il presente atto si compone di n. 47 pagine con numerazione da pag. 1 a pag. 93 ed è copia conforme all'originale.

Finito di stampare nel mese di novembre 2005
per conto di The Media Factory srl
da Graphos Edition srl - Città di Castello (Pg)